Die

Militärstrafgerichtsordnung

vom 1. Dezember 1898.

Systematisch dargestellt

von

Dr. Wolfgang Mittermaier,
Privatdozent der Rechte an der Universität Heidelberg.

Berlin.
J. Guttentag, Verlagsbuchhandlung,
G. m. b. H.
1899.

Sonder-Abdruck

aus der

„Zeitschrift für die gesamte Strafrechtswissenschaft“

XIX. Band, 4/5 Heft.

Dem Herrn Geheimen Rat

Professor Ernst Immanuel Bekker

zur

Feier seines fünfzigjährigen Doktorjubiläums

als Zeichen der Dankbarkeit und Hochachtung

überreicht

vom Verfasser.

Inhalt.

Einleitung.

Die Vorgeschichte unserer neuen Militär-Strafprozeßordnung stand bekanntlich mehr im Zeichen der Politik als der Rechtswissenschaft. Übereinstimmung herrscht aber wohl, daß auch dieser Teil des Rechts von unserer Wissenschaft jetzt endlich in eingehendere Behandlung genommen werden muß. Wer nur oberflächlich die Geschichte des Militärstrafrechts durchsieht, wird erkennen, daß er hier die wichtigsten Aufschlüsse über eine Reihe von Fragen und wertvolle sonst gar nicht bekannte Anregungen findet. Im Prozeß besonders die Ausbildung einer gemeinen Einrichtung unter besonderen Verhältnissen zu studieren, die Gründe ihrer Abänderung, das Hereinspielen der Disziplinarfrage hauptsächlich, ist in allen Einzelheiten höchst lehrreich. — Die verschiedene Gestaltung des Heerwesens macht sich hier geltend: je mehr das Heer nur das ganze Volk in Waffen ist, um so mehr muß sein Rechtswesen dem gemeinen sich nähern, so im Altertum, — so wieder unter den ganz veränderten Verhältnissen auch heute. Als die Heere nur zeitweise für den Krieg angeworben wurden, wie im späteren Mittelalter und im 30jährigen Krieg, da konnte nur ein ganz besonders energisches Disziplinarrecht gelten. Aber gerade in jene Zeit fällt die bedeutungsvolle Wandlung der Anschauungen, die dem Heerwesen seinen Charakter geben: Anfangs noch ganz altdeutsche genossenschaftliche Einrichtungen; dann bilden die großen Feldherren Wallenstein und Gustav Adolf ihre Heere zu ihren ständigen Machtfaktoren um, in denen der Obere Herr und Vorgesetzter, nicht mehr bloß freigewählter Heerführer der Genossen ist:

damit beginnt der Gedanke der Heeresdisziplin sich so auszubilden, wie er heute noch gilt. Er war der — hier merkwürdig späten! — Aufnahme des inquisitorischen Verfahrens durchaus günstig. Die Heere werden dann stehende Staatskörper, womit das eigentliche Standeswesen besonders der Offiziere entsteht, das also in seiner heutigen Gestalt aus dieser Zeit stammt. Daß hier der Inquisitionsprozeß blühen konnte, ist leicht begreiflich. — Sobald aber in unserm Jahrhundert die Militäreinrichtungen auf die allgemeine Wehrpflicht gebaut werden, mußte sich wieder die Rechtsverfassung im Heere der gemeinen mit ihrer schärferen Betonung der öffentlichen Rechte des einzelnen Staatsangehörigen annähern. Das zeigt sich unverkennbar in der raschen Annahme der preußischen Kriminalordnung von 1805 durch die Armee. Sicher muß das Militärrecht die einzelnen Grundsätze unserer gemeinrechtlichen Auffassung heute mehr anerkennen, als das früher gegenüber den damaligen Anschauungen der Fall war. Gewiß sind diese modernen Prinzipien spröder in der Anwendung auf die notwendige Heeresdisziplin. Ja, gerade da das Militär heute nicht mehr in der Abgeschlossenheit wie ehedem lebt, da aber das Heer der straffsten Disziplin bedarf, müssen zu ihrer Aufrechterhaltung heute Mittel angewendet werden, deren Idee den Rechtsideen viel schroffer entgegensteht, als das für frühere Verhältnisse galt. Das ist der große Zwist, dessen Lösung gewiß nicht leicht ist. Daß die neue Verfahrensordnung seiner Lösung näher gekommen wäre, kann ich nicht finden, wenn sich auch ihre Verfasser ehrlich in der Richtung bemüht haben mögen. Und dies kommt nach meiner Meinung von der unklaren gemeingebräuchlichen Auffassung unsers reformierten Strafverfahrens, die hier nun gerade ihre Feuerprobe bestehen könnte.

Die ruhige wissenschaftliche Durcharbeitung des neuen Verfahrens, zu der ja schon einige schöne Ansätze gegeben sind, wird der Ausbildung des Sonderrechtes und des gemeinen Rechtes sehr förderlich sein. Daß die Wissenschaft bisher inter arma schwieg, ist ja nicht zu verwundern: es fehlte die lebendige Verbindung mit der übrigen Wissenschaft und der Antrieb der Praxis, die bei ihrer Heimlichkeit für die Wissenschaft tot war: welche Bedeutung die Praxis für die Theorie hat, zeigt sich hier deutlich. Aber nur, wenn die militärrechtliche Praxis nun auch wirklich in die wissenschaftliche Öffentlichkeit tritt, wird aus ihr Nutzen entstehen. — Wie bisher schon die dürftigen Vergleiche zwischen dem alten Militärverfahren und dem modernen gemeinen Prozeß wegen der gleichzeitigen Geltung beider lehrreich waren, so muß das in erhöhtem Maße gelten für die Folgezeit, wo die beiden Prozesse mehr Berührungspunkte haben werden. —

Die nachfolgende Besprechung soll nur einen einfachen Überblick über das neue Gesetz geben, bei dem die rechtliche Betrachtungsweise die vorherrschende sein soll: politische und militärische Gesichtspunkte ganz außeracht zu lassen, ist beim Prozeß noch weniger angängig als sonst. — Wissenschaftliche Einzelausarbeitung kann bei der Kürze der Zeit wohl nicht beansprucht werden.

I. Entstehungsgeschichte.

A. Was ist der bisherige Zustand des M.Str.V. in Deutschland?

1. In Preußen gilt die „Strafgerichtsordnung für das preußische Heer" vom 3. April 1845, die thatsächlich auch für die Kaiserliche Marine Anwendung findet, obwohl sie für diese nie besonders eingeführt ist. [1])

Sie ist im Norddeutschen Bund nach Art. 61 der Verfassung durch Verordnung vom 29. Dezember 1867, in Hessen südlich des Mains durch die Militär-Konvention vom 7. April 1867 — (dazu einige Änderungen gemäß dem Gesetz vom 19. April 1868), — in Baden durch Kaiserliche Verordnung vom 24. November 1871 (— vorher provisorisches Gesetz vom 15. April 1868 —), in Elsaß-Lothringen durch das Gesetz vom 6. Dezember 1873, in Helgoland durch Verordnung vom 22. März 1892 eingeführt. Daneben blieb die ihr genau entsprechende Kgl. Sächsische M.Str.G.O. vom 4. November 1867 in Kraft. [2]) Württemberg behielt nach der Militär-Konvention vom 21./25. November 1870 seine Strafgerichtsordnung vom 20. Juli 1818, nebst den Bestimmungen der „Allgemeinen Kriegsdienstordnung" vom 7. Februar 1858 gemäß der Instruktion zur Einführung des Militär-Strafgesetzbuches für das Deutsche Reich vom 29. September 1872 in der Fassung der Ordre vom 11. Juni 1877 bei, Bayern gemäß

[1]) Vgl. v. Kries, Archiv für öffentl. Recht, V. 373, — v. Marck, M.Str Prozeß, I. 99 ff. — Delius, Archiv f. öffentl. R. IX, 256.

[2]) Eigentümlich! Vgl. Laband, Staatsrecht, 2. Aufl. II, § 106, I, 1.

dem Bündnisvertrag vom 23. November 1870 die seine vom 29. April 1869, unerheblich modifiziert durch die Gesetze vom 28. April und 27. September 1872 und 18. August 1879. — Die Deutschen Ger.O. sind durch Reichs-Gesetz vom 3. Mai 1890 abgeändert. — Die Disziplinarstrafordnungen können hier unberücksichtigt bleiben, — ebenso die Bestimmungen für die Schutzgebiete. — Eine Übersicht über die drei Systeme gibt die Einleitung der „Begründung des Entwurfs einer M.Str.G.O." Diese ist für Preußen sehr geschickt unter trefflicher Hervorhebung aller der feinen Garantieen für die Sicherheit des Verfolgten gegeben, die dem Untersuchungsverfahren eigentümlich nirgendwo als Rechte des Angeschuldigten im Gesetze hervortreten; dagegen fällt die Darstellung des bayerischen Systems sehr ab. — Eine eingehende systematische Darstellung fehlt sonst. Die Praxis bot dazu wenig Anregung und die Theorie fand leider wenig Gefallen an den Überbleibseln inquisitorischen Verfahrens. Jedoch kann auf die Darstellungen von Hilse: „Die leitenden Grundsätze des heutigen Deutschen Militärstrafverfahrens usw." Berlin, 1868 —, v. Marck: „Der Militär-Strafprozeß in Deutschland und seine Reform", I, II[1]; Berlin, 1893/5, K. Kraus: „Das deutsche Militärstrafverfahren usw.", München 1896, und Weisl: „Das Militärstrafverfahren in Rußland, Frankreich und Deutschland", Wien 1894 — verwiesen werden. Hilse bietet wohl die rechtlich schärfste Darstellung. Das Werk von Marck verdient heute wohl die meiste Beachtung, obwohl es noch unvollendet ist: es enthält eine sehr genaue Darlegung thatsächlicher Einzelheiten neben einer objektiv gehaltenen Besprechung der Reformvorschläge und eine wertvolle Hervorhebung der militärischen Gesichtspunkte für die Änderung. Doch leidet das Werk sehr an systematischer Unschärfe.[3]) — Kraus bietet nur eine kurze Skizze, Weisl eine kurze, aber rechtlich klare Übersicht.

Wenn ich auch von einer eingehenden Darstellung des bisherigen Zustandes absehe, so muß ich doch die Grundsätze, die heute Geltung haben, wenigstens soweit systematisch andeuten, daß die Änderungen leicht verstanden werden können. Dabei sind Preußen und Württemberg zusammen zu stellen, Bayern ist gesondert zu behandeln.

---

[3]) Vgl. für hier bes. I, §§ 24 ff., S. 101 ff., und II, §§ 92 ff. für die Einzelpunkte.

2. Das Preußische Gesetz ist zwar nach unsern Begriffen nicht gerade sehr klar gefaßt. Es hat auch ganz Charakter und Ausdruck der alten Prozeß-Instruktionen, deren spätere Änderung nie zu Schwierigkeiten führt. (Vgl. z. B. die Noten in der Ausgabe von Solms!) Sein Verständnis wird erschwert dadurch, daß es aus einer uns fremd gewordenen Rechtsauffassung herstammt; die Teile sind vielfach untereinander gemengt; es finden sich Wiederholungen. Doch ist es in sich geschlossen, wenn man auch in den Bestimmungen über die Zuständigkeit heute stark empfindet, daß es nur den zweiten Teil neben einem ersten Teil über das materielle Strafrecht bildete.

Da das Preußische und Württembergische Verfahren nichts anders ist als das alte Untersuchungsverfahren, so kann sein wissenschaftliches System auch nicht das heutige sein: in seinem Mittelpunkt steht allein das Gericht, dies militärisch wieder ausgehend vom Gerichtsherrn; seine Thätigkeit umfaßt als Untersuchung alles; die Trennung von Verfolgung und Rechtsprechung nach unsern Begriffen müssen wir hier aufgeben. Dabei ist zu beachten, daß der Gedanke der Disziplin, der heute so oft als einer Reform entgegenstehend genannt wird, keineswegs systematische Änderungen in dem Verfahren gegenüber dem gemeinen Untersuchungsverfahren verursacht hat: er steckt diesem schon derart im Blute, daß es sich von selbst für das Militär vortrefflich eignet. Selbst der Gerichtsherr, eine rein militärische Gestalt, ist ebenso wie die Bestätigung der Urteile ganz aus dem Geist des Untersuchungsverfahrens geboren. — Das Verfahren ist im ganzen nicht als Standesrecht ausgebildet; doch ist die Bestimmung, daß Offiziere nur vor dem höheren Gericht abgeurteilt werden können, — Pr. § 20, W. Art. 144 — eine standesrechtliche Besonderheit.

Das Verfahren ist das reine Untersuchungsverfahren — Pr. § 89 — auf Schriftlichkeit, Mittelbarkeit, Heimlichkeit gegründet. Diese letztern Prinzipien sind nirgends ausgesprochen, brauchten es ja auch nicht; doch sind sie insbesondre in den Bestimmungen über das Verfahren der Spruchgerichte klar zu finden.

Der Gerichtsherr steht im Mittelpunkt. Er ist ein selbständig disziplinarberechtigter Vorgesetzter, — also Laie in Rechtssachen — der den strafberechtigten Staat darstellt, daher nicht abgelehnt werden kann. Von ihm geht das ganze Verfahren aus: er hat die Justizverwaltung — Pr. § 77 —, er bestimmt über die Untersuchung völlig frei — Pr. § 91. W. 1858 §§ 739, 742 — und ist zusammen mit dem Auditeur der eigentliche Gerichtspräsident, — Pr. § 23, — so daß er das Untersuchungs- und das Spruchgericht bestellt, — Pr. §§ 44, 62, 122/3. W. Artt. 137, 147 — und hier über Ablehnungen entscheidet. Allerdings nimmt er an den Verhandlungen selbst nicht Teil, — Pr. § 77. W. 1858 § 744 — aber gegenüber dem Auditeur ist er der allein maßgebende — Pr. § 79. W. 1858 § 744 eingeschränkter. — Die Untersuchungshaft hängt folgerichtig nur von ihm ab — Pr. § 99. — Die Urteilsbestätigung gehört dem Gerichtsherrn, allerdings zumeist einem höhern, als dem für die Untersuchung zuständigen, aber nach der preußischen Ordre vom 1. Juni 1867 immer einem Kommandoinhaber. — Der Gerichtsherr hat die Vollstreckung. — Pr. § 180. — W. 1858 § 744.

Hier gehen also Disziplinarstellung und Strafbefugnis Hand in Hand: es fragt sich, ob die erste nur in diesem Verfahren zur vollen Geltung kommt, oder ob sie zu ihrem Recht kommen kann, auch wenn das alte Untersuchungsprinzip verschwindet. Daß das Militär an der bisherigen seit dem 17. Jahrhundert herausgebildeten Einrichtung gern festhält, ist sehr wohl zu verstehen.

Die Gerichte sind in höhere und niedere geteilt: Kriegsgerichte und Standgerichte in Preußen, Kriegsrechte und kriegsrechtliche Kommissionen in Württemberg — Pr. §§ 19—21, 61; 22—31. — W. Artt. 135, 136 ff. 142 ff. Sie zerfallen in Untersuchungs- und Spruchgerichte. Sie stellen Genossengerichte dar, eine echt soldatische Einrichtung. Die Richter sind mit Ausnahme des Auditeurs Soldaten, und zwar auch Gemeine. — Pr. §§ 64—67. — W. Artt. 136, 144. — Ablehnung ist möglich: Pr. §§ 58 f., 75, 127 f. — W. 1858 §§ 743, 751. — Im Spruchgericht wird in Preußen nach Klassen geurteilt, damit nicht zwischen den Richtern verschiedenen Grades äußerliche Differenzen entstehen können; dadurch aber ist es möglich, daß die Mehrheit der Klassen nicht die der Einzelstimmen ist. In Württemberg stimmen die Richter einzeln. — Die Richter beruft der Gerichtsherr zu jedem Fall besonders; sie sind also nicht ständig; — Pr. § 24. — In Württemberg muß die Bestellung „nach der Reihenfolge“ geschehen, Artt. 137, 147; das Preußische Gesetz sagt das nicht, so daß auch die Dienstordnung dies nicht vorzuschreiben braucht. Hiermit ist dem Gerichtsherrn auch ein Einfluß auf die Gerichtsbank möglich. Wesentlich aber ist sein Einfluß durch seinen Beirat, den Auditeur, gegeben, der unter seiner Leitung die Untersuchung führte und aus dieser das Spruchgericht informiert.

Der Auditeur, (deutsch „Schultheiß"), in Württemberg „auditor", ist das juristische Element des Gerichts, der Beirat des Gerichtsherrn und als Referent auch des Spruchgerichts. — Pr. § 23. W. Artt. 136, 143. — 1858 § 745. — Er führt die Untersuchung — Pr. § 45. W. 1858 §§ 742, 745 — abhängig vom Gerichtsherrn — Pr. § 79 —, trägt das Ergebnis dem Spruchgericht vor, dessen ganze rechtliche Leitung ihm obliegt, und er formuliert die Urteilsfrage; das Urteil fertigt er aus. — Etwas abweichend ist das in Württemberg. — Bei den Untergerichten tritt an seine Stelle gewöhnlich der „untersuchungsführende Offizier" — Pr. § 49, 80/1, — der auch in Württemberg bekannt ist: Art. 136.

Einen Teil des Gerichtsstandes bildet endlich in Preußen das General-Auditoriat. Dieses hat zum Teil streitige Rechtsfragen zu entscheiden, in bestimmten Fällen die Urteile vor der Bestätigung zu begutachten und die Geschäftsführung der Gerichte zu beaufsichtigen. Diese Einrichtung steht allein außerhalb der Ordnung der Gerichtsherren; es ist klar, daß diese Juristenbehörde von hervorragender Bedeutung ist — vgl. besonders Pr. §§ 167, 168, wonach der Gerichtsherr bei seiner Bestätigung unter Umständen an das Rechtsgutachten gebunden ist. — In der Funktion der Urteilsbegutachtung steht dem G.-Auditoriate auch das gesamte Auditoriat zur Seite, wobei aber nie der untersuchende Auditeur zugleich Gutachter sein darf. Pr. § 164.

Der Angeschuldigte kann als Objekt der Untersuchung auf dieselbe nur wenig einwirken. Bei der Untersuchungshaft, die u. U. notwendig ist, ist in Preußen Kaution ausgeschlossen — Pr. §§ 99—101. Württemberg läßt sie zu: bürgerl. P.O. Artt. 177 ff. — Eigne Verteidigung ist stets gestattet — Pr. § 114; der Angeschuldigte ist im Schlußtermin der förmlichen Untersuchung jedenfalls zu hören — Pr. §§ 121, 112; Württemberg: 1858 § 750. — im Spruchgericht wird er aber nur zu Anfang noch einmal gehört, dann entfernt. — Pr. § 131. W. 1858 § 754. — Verfängliche Fragen, Drohungen, Gewaltmittel sind verboten, — Pr. § 198 — auch wird Lügen vor Gericht nicht disziplinär gestraft, — Pr. § 106; doch ist der Angeschuldigte darauf hinzuweisen, daß hartnäckiges und freches Lügen die Erhöhung der Strafe zur Folge habe. Die

Württembergische bürgerliche P.O. kennt hier auch Zwangsmittel: Artt. 118 ff. 142—148. — Eine förmliche Verteidigung ist im standgerichtlichen Verfahren gar nicht, sonst nur sehr eingeschränkt zulässig, noch eingeschränkter bei militärischen Verbrechen, wo auch nur Militärpersonen verteidigen dürfen; notwendig ist sie nur, wenn ein gemeines Delikt mit Todesstrafe bedroht ist. — Pr. §§ 115—120, 200. — Von eigentlichen Rechten des Angeschuldigten, die als solche geschützt wären, ist hier wenig die Rede: Nur bei Besetzung der Gerichte — Pr. §§ 57, 76, 126—128, 268 — Ablehnung von Richtern, — Pr. § 58—60, Eröffnung der Entscheidungsgründe, — Pr. § 177 — sind solche ausdrücklich genannt.

In dem Gang des Verfahrens setzt die bisherige Gesetzgebung am meisten die Kenntnis des alten Rechtes voraus. Die Stadien sind scharf getrennt: Zuerst hat in Preußen der nächste Vorgesetzte des Angeschuldigten einen „Thatbericht“ zu geben, — Pr. § 93 — auf den der Gerichtsherr durch den Auditeur in der „vorläufigen Untersuchung“ den Thatbestand feststellen läßt; — Pr. § 91 f. — die Vorschriften hierüber haben sich im Lauf der Zeit in der Praxis geändert. Darauf gründet sich die Entscheidung des Gerichtsherrn: Einstellung, — disziplinäre Ahndung, — oder Einleitung der „förmlichen Untersuchung“. — Pr. § 102. — Ist letztere angeordnet, so muß in der Sache erkannt werden. — Pr. § 104. — Über das Verfahren der Untersuchung gibt das Gesetz keine genaue Auskunft, so daß hier die Praxis sich wohl erneuern konnte. Wenn nach dem Schlußtermin, zu dem der Verteidiger zuzuziehen ist, — Pr. § 120 — und nach „Berichtigung des Verteidigungspunktes“ die Akten spruchreif sind, so ordnet der Gerichtsherr das Spruchgericht an. — Pr. §§ 122/3. — In diesem bildet Vortrag und Antrag des Auditeurs die Hauptsache. — Pr. §§ 124—144. — Es wird meist gesagt, daß das bisherige Verfahren eine Beweistheorie kenne: das gilt nach dem Gesetz selbst nur in beschränktem Umfang für die Beweiskraft der Aussagen von Vorgesetzten und Wachen. — Pr. §§ 108, 109, 201. Doch stützt sich das Gesetz weiterhin auf die Kriminalordnung von 1805 mit ihrer Theorie. Die Praxis aber kennt eine Beweistheorie nicht mehr. (v. Marck, Kritische Betrachtungen, S. 85.) — Jedoch muß u. U. das Gericht das Urteil fällen, wenn es auch die Sache nicht für spruchreif hält, auf Anordnung des General-Auditoriats. — Pr. § 140. — Das Urteil geht nach dem Preußischen Gesetz auf völlige oder vorläufige Freisprechung oder Verurteilung — § 138 — doch soll nach dem Kommentar von Solms die zweite Art nicht mehr vorkommen; Württemberg kennt nur Freisprechung oder Verurteilung. (Gesetz 13. August 1849 Art. 46). — Das Urteil, das in Abwesenheit des Angeschuldigten gefunden wurde, ist geheim zu halten, bis es nach Begutachtung die Bestätigung des Gerichtsherrn erlangt hat. Hierbei ist eine Schärfung ausgeschlossen, eine Milderung aber zulässig. — Pr. § 173. — Wird nicht bestätigt, so ist ein neues Spruchgericht anzuordnen. Mit der Bestätigung, — wobei die Redaktion dem Gerichtsherrn freisteht, — Pr. §§ 147/8 — wird der Spruch rechtskräftig; jetzt wird er dem Angeschuldigten verkündet. — Pr. § 176. — Ordentliche Rechtsmittel sind also ausgeschlossen; jedoch stehen Restitution (unsre Wiederaufnahme) und Nichtigkeitsbeschwerde wegen rechtlicher Fehler dem Verurteilten zu — Pr. §§ 260—268 — seine wertvollsten Rechte! — Das Verfahren vor den Untergerichten ist natürlich ein etwas einfacheres.

Neben diesem Verfahren steht das gegen Militärbeamte, in dem einige moderne Bestimmungen zu finden sind.

3. Von den preußischen Bestimmungen weicht Württemberg in einigen Punkten erheblicher ab. — Die Württembergische Gesetzgebung ist dadurch sehr unübersichtlich, daß verschiedene Gesetze nebeneinander bestehen, und dazu § 738 der allgemeinen Kriegsdienstordnung von 1858 sagt, daß die bürgerliche Strafprozeßordnung von 1843 nebst ihren Änderungen zur Anwendung komme, „wo die Militär-Strafgesetze keine besondern Vorschriften enthalten". [4]) Jedoch sind die einzelnen Bestimmungen klar und verständlich gefaßt. Durch die bürgerliche Prozeßordnung sind dem Verfahren feste Formen gegeben. Alle Gesetze bieten größere Garantieen für die objektive Haltung der Richter. — Schriftlichkeit und Mittelbarkeit ergeben sich aus § 754 des Gesetzes 1858, wo aber Absatz 8 eine gewisse Unmittelbarkeit zu gestatten scheint. Daß das Verfahren heimlich sei, wird nicht besonders erwähnt; bei Verkündung des Urteils bestimmt § 778, daß „eine entsprechende Truppenabteilung" zuzuziehen sei. Da aber die die Öffentlichkeit einführenden Bestimmungen

---

[4]) Über diese Gesetzgebung mit ihren halben Versuchen in der Schlußverhandlung, Mündlichkeit, Öffentlichkeit, vgl. Mittermaier: „Mündlichkeit, Öffentlichkeit . ." § XIII, S. 103 ff. — über das Gesetz 13. 8. 1849 betr. das Schwurgerichtsverfahren: Mittermaier „Gesetzgebung" S. 16.

des bürgerlichen Prozeßgesetzes Art. 279 im Militärverfahren nicht zur Anwendung kommen, so ist die Öffentlichkeit nicht eingeführt. — In Württemberg tritt es nun besonders deutlich hervor, daß das militärische Verfahren sich in keinem wesentlichen Punkt von dem allgemeinen Untersuchungsverfahren unterscheidet. Der Befehlshaber, der zur Einleitung der Untersuchung berechtigt ist, tritt in keiner Weise aus dem Rahmen des Strafgerichts heraus, wie es auch im bürgerlichen Verfahren eingerichtet ist. Sein Bestätigungsrecht ist das einzig militärisch-spezifische.

Vor allem ist Württemberg eigentümlich das Revisionsgericht (auch wohl „Ober-Kriegsgericht"), von dessen sieben Mitgliedern drei Rechtsgelehrte sind, während die Offiziere auf drei Monat vom Kriegsministerium ernannt werden: Artt. 152 ff. Dies Gericht greift in das Verfahren vor den Kriegsrechten in wichtigeren Fällen ein, aber nicht in der Art einer Rechtsmittelinstanz, sondern im Organismus der ersten Instanz. (Artt. 152 ff., 161; 1858 §§ 748/9.)

Das Verfahren ist dem preußischen ähnlich. Die Kommandobehörde beauftragt ex officio den Auditor mit der Voruntersuchung, — § 742 — nach deren Beendigung durch dieselbe Behörde Einstellung oder Versetzung in den Anschuldigungszustand verfügt wird: bei Offizieren muß das Oberkriegsgericht dies aussprechen. — § 748/9. — Jetzt muß das Urteil gesprochen werden: bürgerl. P.O. Art. 340. — In der Hauptuntersuchung ist ein Schlußverfahren mit dem Angeschuldigten zu dessen Verteidigung vorgesehen. Das Spruchgericht ist ganz analog dem in Preußen eingerichtet. — § 754. — Danach geht das Urteil des Kriegsrechts stets an das Revisionsgericht zur Prüfung, wobei das Erkenntnis kassiert, bestätigt oder geändert werden kann: — Artt. 152, 159, 162 ff. — also ist dies Erkenntnis nur ein vorläufiges. — Vor den kriegsrechtlichen Kommissionen ist das Verfahren kürzer, die ganze Untersuchung, auch die Anschuldigung kann unmittelbar vor ihr stattfinden. — § 752. — Bestätigung durch den König oder die bevollmächtigte Behörde ist immer nötig. — Von Rechtsmitteln sind nach der bürgerlichen Prozeßordnung die Nichtigkeitsbeschwerde, die Wiederaufnahme der Untersuchung und gegenüber dem Erkenntnisse gegeben: bürgerl. P.O. Artt. 404 ff. Gegen die Entscheidung der kriegsrechtlichen Kommission kann der Angeschuldigte stets den Rekurs an das Kriegsrecht einlegen — Art. 140. — Endlich gibt es die einfache Beschwerde. — Sehr wichtig ist, daß die bürgerliche P.O. in den Artt. 284–339 eine sehr eingehende gesetzliche Beweistheorie aufstellt.[5])

4. Diesem System gegenüber steht völlig anders geartet das bayerische. Man pflegt dieses als auf Anklagegrundsatz gegründet zu bezeichnen: wer das thut, ist durch eine Reform leicht zu befriedigen! Denn das, was da vom Anklageverfahren zu finden ist, besteht lediglich in einigen Formen, wie sie im allgemeinen schüchtern eingeführt wurden, als man die Staatsanwaltschaft in Deutschland vor mehr als fünfzig Jahren einführte. In Wahrheit haben wir es hier mit einem Untersuchungsverfahren zu thun, das gegenüber dem preußischen die Mündlichkeit, Unmittelbarkeit, Öffentlichkeit, größere Garantieen im Gericht und eine Verstärkung der Rechte des Verfolgten, sowie ein Rechtsmittelsystem als unleugbare Vorteile besitzt. Jedoch ist das Gerichtswesen ein höchst schwerfälliges; die Stellung des Gerichtsherrn ist eine durchaus unsichere — zwei große Fehler. — Das Gesetz aber ist — besonders nach den mancherlei Änderungen! — in seinem System ganz unklar: Gerichtsordnung und Verfahren sind durcheinander geregelt; Wiederholungen finden sich mehrfach; das unangenehmste aber ist die bestimmte Verweisung auf das bürgerliche Verfahren in Art. 100, die sich nach Art. 77 des Gesetzes vom 18. August 1879 auf „die bisherigen Landesgesetze" bezieht, (d. s. im wesentlichen die Gesetze vom 10. Novbr. 1848 und vom 10. Novbr. 1861). — Das Bayerische Gesetz kann ich daher nicht als Muster für eine Reform hinstellen.[6])

Im Vordergrund des Systems stehen hier statt des Gerichtsherrn die Gerichte selbst. Sehen wir von den besondern Standgerichten ab, so haben wir in der ersten Instanz die Militäruntergerichte und die Militär-Bezirksgerichte (oder Feldgerichte), in denen der Schwerpunkt liegt. Die ersten sind bei den direkt vorgesetzten, mit Disziplinargewalt versehenen Kommandostellen errichtet und bestehen aus dem Kommandanten, einem Auditor und einem auf

---

[5]) Ausgaben der Württembergischen Gesetze: eine amtliche, Druck von W. Kohlhammer, Stuttgart. 1878. — v. Walther: „Die Militärgesetze des Deutschen Reichs" 1880, — VI, S. 179 gibt nur das Gesetz von 1818.

[6]) Zenk, „Öffentlichkeit", 3. Auflage. S. 174 f. nennt das bayerische Verfahren ein „akkusatorisches Untersuchungsverfahren", aber „übermodern und zu bürgerlich". — Ötker, Gericht, Gerichtsherr, Verteidigung, billigt im allgemeinen das bayerische System. — Einige seiner schweren Fehler betonte Groeber in der 61. Sitzung des Reichstags, 15. März 1898.

Jahresdauer vom Kommandanten ernannten Offizier als Beisitzer. — Art. 15. — Die Bezirksgerichte sind diesem personellen System gegenüber als territoriale eingerichtet (in München und Würzburg). Sie bestehen aus einem Kommandanten als Vorstand, der aber ausschließlich die Verwaltung besorgt, einem Auditor als Direktor, der die gesamte rechtliche Leitung in der Hand hat, und aus Senaten, in denen Auditoren und Offiziere — die erstern in der Überzahl — sitzen. — Artt. 18, 44—46. — Für die Hauptverhandlung aber werden Geschworene zugezogen, — sechs oder zwölf —, die aus den dienstpräsenten Offizieren und Unteroffizieren und den pensionierten Offizieren mittels eines Listensystems ausgewählt — nicht gelost! — werden; sie müssen mindestens 25 Jahr alt sein. — Artt. 62 ff.

Das Militär-Obergericht besteht aus einem General als Präsidenten, einem General-Auditor als Direktor und aus Auditoren als Richtern. Es ist nur Oberinstanz. — Artt. 50—56.

In diesem gewiß schwerfälligen Organismus haben wir jedenfalls größere Ständigkeit der Gerichte als in Preußen und größere Garantieen für Unabhängigkeit der Richter. Doch sind nur die Auditoren von richterlicher Unabhängigkeit — Art. 23 —; im Untergericht sitzt aber der Kommandant selbst, was er nicht einmal in Preußen thut! Und „aus besondern Gründen" — ? — kann das Obergericht die Sache einem andern als dem zuständigen Gerichte überweisen! — Art. 52.

Der disziplinarvorgesetzte Kommandant tritt also nur im Untergericht ähnlich wie in Preußen hervor; hier liegt auch die ganze Verfolgung bei ihm. — Artt. 181 ff. — Sonst ordnet er wohl die Einleitung der Voruntersuchung an, — Artt. 31, 32, 104 — für die er also in allen Fällen zuständig ist; aber danach tritt er außer Funktion. Und auch bei dieser Anordnung ist er u. U. auf eine Vorstellung seines Auditors oder des anzeigenden Beschädigten dem Beschluß des Bezirksgerichts unterworfen — also unfrei. — Artt. 32, 106.

Hier erscheint also das Gericht als Kommandostelle, wenn man in der Ausübung der Strafgerichtsbarkeit Ausübung der Kommandogewalt sieht.

Die Auditoren sind einfach Gerichtsmitglieder, — nicht Staatsanwälte; — aus ihrer Zahl wird der Auditor genommen, der auch hier als rechtlicher Beirat des Kommandanten fungiert, und da er nicht Offizier und im Gegenteil „richterlich unabhängig" ist, — Art. 23 — so ist darin ein großer Vorteil gegen Preußen zu sehen. Dieser allein ist Untersuchungsrichter für alle Fälle und in dieser Funktion selbst verantwortlich, — jedoch auch dem Militär-Bezirksgericht unterstellt. — Artt. 33, 87. — Als solcher kann er in der Hauptverhandlung des Bezirksgerichtes nicht mitwirken, — Art. 43 — wohl aber im Untergericht.

Staatsanwälte sind Militär-Justizbeamte, bei jedem Gericht, bei den Untergerichten durch den Vorstand des Bezirksgerichts aus Offizieren oder Praktikanten aufgestellt. Sie bilden wie die heutige Staatsanwaltschaft eine Hierarchie unter dem Kriegsministerium. — Artt. 82—84. — Sie dürfen keineswegs als Anklagebehörden im heutigen Sinn angesehen werden, sondern sind rein Gesetzeswächter nach der sehr vagen Bestimmung der Artt. 85, 88, so wie das die Staatsanwälte bei ihrer ersten Einführung in Deutschland allgemein waren. Bei der Voruntersuchung können sie schon Anträge stellen, Artt. 86, 87 — erst dann aber erhalten sie die Vertretung der Anklage vor den Gerichten. Bei den Bezirksgerichten wohnen sie sogar den „geheimen Sitzungen" bei. — Art. 88. — (was ist darunter zu verstehen?) Sie beantragen den Strafvollzug. — Art. 85.

Das Verfahren ist das alte Untersuchungsverfahren, denn die neuen Formen, die 1848 diesem gegeben wurden und für damals gewiß recht lobenswert waren, geben noch lange nicht dem Gericht und den Strafbeteiligten die dem Anklageverfahren wesentlichen Stellungen. — Der Kommandant bestimmt vor allem die Verfolgung, — Artt. 32, 106, 107 — worauf Voruntersuchung durch den Auditor eingeleitet wird oder die Akten unmittelbar an den Staatsanwalt abgegeben werden. — Artt. 33, 107. — In der Voruntersuchung braucht ein bestimmter Beschuldigter noch nicht vorhanden zu sein. — Art. 120. — Der Staatsanwalt, der auch selbständig Erhebungen machen kann — Art. 108, — stellt danach seinen Antrag bei Gericht — im untergerichtlichen Verfahren wieder beim Kommandanten —, das darauf Beschluß faßt und die „Verweisung" ausspricht. — Artt. 118, 119, 183. — Gegen den Verfolgungsbeschluß des Bezirksgerichts ist stets die Nichtigkeitsbeschwerde zulässig, also ist er ein wahres Interlokut, das rechtskräftig wird. — Artt. 123, 124, 126. — Jetzt wird die Hauptverhandlung vorbereitet, — Artt. 125—130, — wobei der Verweisungsbeschluß dem

Angeklagten bekannt zu geben ist; jetzt erhält auch die bisher schon zugelassene Verteidigung ihre wesentlichen Rechte. — Artt. 92—97. — Über die Untersuchungshaft, die ähnlich dem Zivilverfahren geregelt ist und wie in Preußen nicht durch Sicherheitsleistung abgewehrt werden kann — Artt. 114 ff., — bestimmt nun das Gericht, Art. 121, bis dahin der Untersuchungsrichter.

Die Hauptverhandlung ist im allgemeinen der bürgerlichen gleich geregelt. — Artt. 131 ff. — Öffentlichkeit, unmittelbare, mündliche Beweiserhebung, freie Beweiswürdigung sind hierbei nach dem Gesetz von 1848 geregelt.

Das Urteil bedarf hier keiner Bestätigung.

Als Rechtsmittel sind außer der einfachen Beschwerde und der Nichtigkeitsbeschwerde gegen den Gerichtsbeschluß auf die Voruntersuchung die Nichtigkeitsbeschwerde gegen alle Urteile an das Obergericht — Artt. 152 ff., 189 ff. — (mit einer etwaigen „Frivolitätsstrafe" — Art. 158 —) sowie die Beschwerde zur Wahrung des Gesetzes und die Wiederaufnahme — Art. 152 — zugelassen.

B. (Reformbestrebungen). Daß ein solcher Rechtszustand unhaltbar sei, wurde sehr bald eingesehen: neben den veralteten Grundsätzen der Gesetze wurde die Verschiedenheit derselben im Reiche betont.

1. Im Reichstage fand diese Anschauung mehrfachen Ausdruck. In der I. Legislaturperiode wurde 1870 die Resolution Fries und Genossen zwar zurückgezogen, — Drucks. 28 ad II. 3; 14. Sitzung vom 4. März, Stenogr. Berichte usw., S. 176, 177, — dagegen der Antrag Lasker angenommen, wonach das Verfahren entsprechend dem ordentlichen Verfahren eingerichtet und im Frieden auf Dienstvergehen der Militärpersonen beschränkt werden sollte, ein ähnlicher von Hagemeister abgelehnt. — Drucks. 38, 97. 31. Sitzung, 30. März. Berichte S. 561—574. — Sehr gut sind hier die Bemerkungen des ehemaligen bayerischen Justizministers v. Bernuth über die Richtung einer Reform. Staatsminister v. Roon erwiderte ihm: es sei nicht alles so schlimm im Militärverfahren, und erst solle doch einmal eine bürgerliche St.P.O. da sein. Reichensperger und Dr. Meyer-Thorn legten die bedenklichen Bestimmungen und praktischen Folgen der bisherigen Gesetze dar. — In der IV. Session der 2. Legislaturperiode 1876 wurde eine der Tendenz des Laskerschen Antrags entsprechende Resolution der Kommission bei Beratung des Entwurfs einer

St.P.O. angenommen. — Drucks. 10; 31. Sitzung, 21. Dezember, Berichte, Bd. III, S. 994—998. — Dabei verlangte Herz, daß gemeine Verbrechen vor die gemeinen Gerichte kommen sollten, doch widersprachen dem v. Etzel und Gneist. Der Kommissar des Bundesrats, Oberstleutnant Blume, erklärte, die Regierung wisse wohl, daß die Militär-St.P.O. einer Reform bedürfe, einer Annäherung an das zivile Verfahren, soweit nicht die militärische Disziplin entgegensteht. Er wie Kriegsminister v. Kameke betonten, daß bei Loslösung der gemeinen Verbrechen die Disziplin leide; der zweite sagte dann, die Vorlage der Militär-St.P.O. könne bald erfolgen. — Von nun an wird die Teilung der gemeinen Verbrechen von den militärischen nicht mehr verlangt. — In der IV. Session der 7. Legislaturperiode 1889/1890 bleibt ein Antrag Rickert unerledigt — Drucks. Nr. 42 ad II. —; dagegen wird der gleiche in der 5. Session angenommen. — Drucks. Nr. 14, 12. Sitzung, 11. November 1889, S. 220—226, Bd. I. Rickert schilderte dabei die Bewegung seit 1808. Die Militärverwaltung solle der Frage in 1877 und 1881 nahe getreten sein. Aber am 5. Dezember 1888 habe der Kriegsminister Bronsart v. Schellendorff erklärt: „So lange auf dem Gebiet der Z.St.P.O. schwierige Fragen in der Schwebe seien, könne die Vorlage einer Militär-St.P.O. nicht verlangt werden.“ Gröber-Württemberg und Fieser schilderten die Notwendigkeit einer Änderung. Ein Vertreter des Kriegsministers war nicht anwesend. — In der 8. Legislaturperiode 1890/1892, in der I. Session blieb ein Antrag Marquardsen, wonach die Grundsätze der Ständigkeit der Gerichte, sowie der Öffentlichkeit und Mündlichkeit des Hauptverfahrens zur Geltung kommen sollten, unerledigt — Drucks. 546 —, dagegen wurde die Resolution der Kommission bei Beratung des Reichshaushaltsetats nach dem Abänderungsantrag Buhl und Gen. mit der Tendenz des Marquardsenschen Antrags angenommen. Drucks. 656, 662. 172., 173., 175. Sitzung, 15., 16., 17. Februar 1892, S. 4203—4280. Dabei ging die Beratung von den Soldatenmißhandlungen aus. Dr. Casselmann begründete den Antrag. Richter und Marquardsen verwiesen auf den bayerischen Prozeß, dessen Güte selbst von den höchsten bayerischen Generalen, selbst Prinzen anerkannt werde, während das preußische Verfahren wegen seiner veralteten Bestimmungen von ruhigen Leuten verurteilt werde. v. Bar sprach besonders über die Öffentlichkeit, auch v. Kardorff trat für die Reform ein. Demgegenüber betonte der Reichskanzler Graf v. Caprivi, daß die Disziplin eine abweichende Regelung des Rechtsverfahrens in der Armee verlange, — das sei auch überall so. Disziplin müsse für die Armee der oberste Gesichtspunkt sein, freilich im Rahmen der Gerechtigkeit. Handhabung der Disziplin ist Handhabung der Gerechtigkeit. Im alten Verfahren ist der Disziplinargedanke, in Rechtsform gekleidet, herrschend. Aber die Armee werde sich den Anforderungen der Neuzeit fügen: das sei geschehen: ein Entwurf sei ausgearbeitet, aber die Generalkommandos seien noch zu hören. — Ähnliche Anträge aus der 9. Legislaturperiode — II. Session, 1893/4, Drucks. 22, III. Session, 1894/5, Drucks. 34, — 1895/7, Drucks. 21, blieben unerledigt. Dagegen gab der Reichskanzler, Fürst Hohenlohe, in der 92. Sitzung vom 18. Mai 1896 — Berichte 1895/7, Bd. III. S. 2331 D. (auf eine Äußerung des Abgeordneten Lieber) folgende Erklärung ab: „Es ist seit langem allgemein anerkannt, daß unsre M.St.G.O. der Verbesserung bedarf, und daß die deutsche Armee ein einheitliches Strafgerichtsverfahren nicht entbehren kann. Dies hat dazu geführt, daß schon vor längerer Zeit, wie Sie wissen, mit der Ausarbeitung einer neuen M.St.G.O. begonnen worden ist. Der Entwurf einer solchen ist nunmehr soweit vorbereitet, daß ich die bestimmte Erwartung hegen darf, denselben im Herbst dieses Jahres den gesetzgebenden Körperschaften des Reichs vorlegen zu können. Derselbe wird — vorbehaltlich der Besonderheiten, welche die militärischen Einrichtungen erheischen — auf den Grundsätzen der modernen Rechtsanschauungen aufgebaut sein." — Aber erst im Spätjahr 1897 kam der Entwurf zur Veröffentlichung. [7])

2. Auch in der Litteratur und Wissenschaft wurde die Frage der Reform besprochen, zum Teil natürlich mehr mit der Lebhaftigkeit der Politiker, zum Teil nur in einer Kritik der wichtigsten rechtlichen Einzelpunkte des bisherigen Verfahrens, nie unter Zugrundelegung eines festen Systems. Dies ist der größte Mangel der Reformlitteratur! Denn in den bisherigen Militärprozessen haben wir ein festes System, dem sich ein moderner Mantel wohl umhängen läßt, wie das bayerische Gesetz zeigt. Wird nun dem

---

[7]) Über die parlamentarischen Verhandlungen, auch in Preußen, Bayern, Württemberg, siehe besonders v. Marck, M.St.P., I. § 37 ff., S. 166 ff. — Kraus, a. O. S. 105.

alten System nicht ein ebenso in sich folgerichtiges neues entgegengestellt, dann wird nur eine Modernisierung des bisherigen vorgenommen werden, eine formelle Änderung, die eine Halbheit ist und als solche nach beiden Seiten unbefriedigt läßt. Das ist denn auch der Erfolg gewesen! Alle die Schriftsteller, die eine Reform verlangen, beweisen, wie wenig fest noch in unsrer Wissenschaft die systematische Anschauung unsres reformierten Strafprozesses ist. Insofern ist diese Litteratur für die wissenschaftliche Fortbildung von größtem Interesse.[8]) Ein solches bietet sie aber auch nach der Seite, daß wir in ihr die Auffassung von Nichtjuristen über unsern Prozeß kennen lernen; insofern beweist sie, wie wenig wir noch im stande waren, klare Grundanschauungen zu „popularisieren“. Und weiter zeigt sie uns praktische Einzelpunkte, die den Juristen und Nichtjuristen an unserm Prozeß änderungsbedürftig erscheinen: — insofern weist sie uns auf Strömungen hin, die wir in unsrer Fortbildung nicht übersehen dürfen! Daher ist diese Litteratur einer wissenschaftlichen Beachtung wohl wert. Hier kann ich auf sie nur aufmerksam machen.

Eine Übersicht über die Litteratur, die eigentlich mit Friccius beginnt, dann seit Hilse 1868 und dem 8. Deutschen Juristentag 1869 neu erblühte, findet man bei v. Marck im I. u. II. Band seines Werkes (bis 1895), wo auch die wichtigsten Schriften kurz besprochen sind.[9]) Die Litteratur bei Kraus a. O. ist nicht vollständig. Seit v. Marcks Buch sind noch außer Kraus' schon oben genannter Schrift im wesentlichen hinzugekommen die Schriften zweier württembergischer Militärs, die beide wegen ihrer Klarheit, Gründlichkeit und Ruhe sehr zu beachten sind: Pfister, Generalmajor z. D., „Freiheit des Rückens, — Allgemeine Wehrpflicht, — Öffentlichkeit des Strafverfahrens.“ Stuttgart 1896, — und Dr. G. Werner, Justizrat und Auditeur, „Erörterungen über die Grundzüge einer Strafgerichtsordnung für das Deutsche Heer.“ Stuttgart 1896. Beide verlangen eine Reform im Anschluß an das bürgerliche Verfahren. Was aber Werner im einzelnen vorschlägt, ist ein Untersuchungsprozeß: er stellt zwar einen Staats-

---

[8]) Ganz dasselbe gilt für die Anschauungen, die im Reichstag, Plenum und Kommission, über unsern bürgerlichen Strafprozeß vorgetragen wurden.

[9]) Das Buch von Zenk, „Die Öffentlichkeit“ hat seitdem, 1897, die dritte Auflage erlebt. Es ist sehr wichtig wegen seines Materials, aber leider systematisch lückenhaft.

anwalt auf (S. 34), aber dieser ist Gerichtsmitglied, und der Unterschied gegen früher liegt nur darin, daß an Stelle des Gerichtsherrn das von diesem unabhängige Gericht tritt. (S. 46 ff.) Immerhin ist gerade diese Darstellung wegen ihrer systematischen Klarheit erwähnenswert.[10])

Das große Werk von v. Marck ist leider unvollendet. Es wird wegen seiner übergroßen Ausführlichkeit im einzelnen, die leicht zu etwas schwerer Breite führt, vielfach nicht den Einfluß haben, den es wegen seiner Gründlichkeit verdient. v. Marck ist in seinen Reformvorschlägen sehr zurückhaltend; sie in systematischer Vollständigkeit zu überschauen, ist bei dem nicht vollendeten Werke nur durch des Verfassers Kritik des Entwurfs möglich geworden.

In der Reformlitteratur beobachten wir zwei Richtungen: die konservative, die entweder den bisherigen preußischen Prozeß ganz beibehalten wissen will (besonders Reinsdorff „Zur Frage des Militärstrafprozesses und seiner Reform" 1885, dazu Marck, I, S. XLI. — späterhin im Reichstag durch die konservative Partei vertreten), oder doch nur einige moderne Gestaltungen dem alten System gibt, wie Ständigkeit des Gerichts, Öffentlichkeit, eine kontradiktorische Hauptverhandlung mit Unmittelbarkeit, Erweiterung der Verteidigung — (besonders Hilse „Die leitenden Grundsätze" 1868, v. Marck, v. Hoff „Darstellung unsres Militärgerichtswesens usw." 1884.) — anderseits die fortschrittliche, die nicht nur in den Formen, sondern im Wesen Annäherung an das bürgerliche Verfahren verlangt, (besonders Bothe „Der Preußische Militärstrafprozeß usw." 1878, Kraus, a. O., Solms, ähnlich Pfister, Werner; sehr radikal Fuld „Die Regelung des militärischen Strafverfahrens . . ." 1892.) Auf diesem Standpunkt stehen auch die sehr fortschrittlich gesinnten österreichischen Schriftsteller Damianitsch, Dangelmaier, Weisl, deren Arbeiten bei uns größere Beachtung als bisher verdienen. — Prüfen wir aber genauer selbst die Mehrzahl der Schriften, die eine energische Reform verlangen, so können wir nicht verhehlen, daß sie immer noch bei dem alten Untersuchungsverfahren bleiben und nur die Funktionen der Gerichtsherren, beziehungsweise seines preußischen Auditeurs, großenteils auf ein vom Gerichtsherrn unabhängig gestelltes Gericht über-

---

[10]) Siehe auch Solms, Deutsche Juristenzeitung I, 1896. S. 305, 328; fortschrittlich, wertvoll. — Stenglein, ebenda II, 1897, S. 440 (Öffentlichkeit und Wahrung des bayerischen Reservats).

tragen.[11]) Diese Tendenz geht klar daraus hervor, daß immer und immer wieder der bayerische Prozeß als Muster hingestellt wird, der eben nur, wie Zenk so hübsch sagt, ein „akkusatorisches Untersuchungsverfahren“ darstellt, der immer ganz irrig als Anklageprozeß gepriesen wird und nur den großen systematischen Fehler enthält, daß er den militärischen Befehlshaber aus seiner berechtigten Stellung verdrängt. Wenn daher von der Reform ein „Anklageprozeß“ verlangt wird, eine „Annäherung an das bürgerliche Verfahren“, so ist damit nur eine Anklageform gemeint. — Daneben treten als wesentliche Forderungen der Reform auf:

Einheitlichkeit des Verfahrens im Reich (§ 34 R.M.G. 2. Mai 1874) mit einem obersten Gerichtshof.[12]) Gerade hiergegen richtete sich der schwerwiegende politische Widerstand Bayerns.

Für das Gericht: Ständigkeit[13]), Hervortreten des juristischen Elementes[14]), Unabhängigkeit auch im Urteil[15]);

Führung der Voruntersuchung nicht durch juristische Laien[16]);

Öffentlichkeit, Unmittelbarkeit, freie Beweiswürdigung[17]), dazu Überwiegen der Hauptverhandlung über das Vorverfahren;

Stärkung der Verteidigung (siehe hinten!);

Zulassung der Rechtsmittel[18]).

Eine der wichtigsten Vorfragen blieb immer die, ob die Zuständigkeit der Militärgerichte gegenüber den bürgerlichen zu beschränken sei. Früher war man wohl eher der Beschränkung geneigt[19]), später aber gab man dies Verlangen doch meist auf[20]).

---

[11]) Friccius, § 158 (?), Kraus, S. 120, Bothe, S. 39, Werner, v. Hoff, S. 31.

[12]) Keller, „Die Aufgaben einer Militärstrafprozeßordnung“, 2. Aufl. 1877, S. 30, Fuld, S. 18, Kraus, S. 114.

[13]) Vgl. v. Marck, M.St.P. II. §§ 123—126.

[14]) Schon Friccius, v. Hoff, S. 34, Kraus, S. 114, Werner besonders! — Fuld.

[15]) Darüber Marck II. S. 345 ff. — Die Frage der Bestätigung wird meist sehr schwankend beantwortet.

[16]) Besonders Friccius, Kraus, S. 116 f. Zenk, S. 174 ff. 181.

[17]) Darüber hinten bei den betr. Stellen. — Friccius, S. 197, Bothe, S. 71 ff., 73 ff., 79. Kraus, S. 120 ff. Werner, S. 6, 8, 13. Fuld. Beschränkt: v. Hoff, S. 27 ff. Gegner: Reinsdorff, S. 28 ff.

[18]) S. Kraus, S. 122, Werner, S. 16, 61, Zenk, S. 174 ff.

[19]) Friccius, § 154, 8. Deutscher Juristentag 1869: Band II, S. 193 ff. 352 ff., — geführt von Stenglein gegenüber Hilse.

[20]) Bothe, S. 66, Kraus, S. 112, Reinsdorff, S. 7 ff., selbst Fuld, S. 25 f., vgl. v. Marck §§ 94—99.

C. So war der „Entwurf einer Militärstrafgerichtsordnung“ vorbereitet, der, unerwartet und plötzlich mit den Entwürfen eines Einführungsgesetzes und eines „Gesetzes, betreffend die Dienstvergehen der richterlichen Militärjustizbeamten und die unfreiwillige Versetzung derselben in eine andre Stelle oder in den Ruhestand“, dem Reichstag am 30. November 1897 vorgelegt wurde[21]). Der Entwurf hat seine Gestaltung wohl wesentlich dem preußischen Generalauditeur Ittenbach zu verdanken. Er enthält offenbar eine Beziehung zum Entwurf eines Gesetzes, betreffend Änderungen und Ergänzungen des G.V.G. und der St.P.O., mit dem manche Übereinstimmung zu finden ist. Nachdem aber dieser gefallen ist, so sind wieder eigenartige Ungleichheiten vorhanden; sie wurden vom Staatssekretär Nieberding in der Kommission, die zur Beratung des Antrags Rintelen, betreffend die Änderung der St.P.O. in der 16. Sitzung des Reichstags am 23. Januar 1899 gewählt wurde, bezüglich der Berufung betont. Bezüglich des Nacheides sollen sie bekanntlich jetzt schon wieder ausgeglichen werden.

Wenn man den zähen Widerstand bedenkt, der aus der Armee einer Reform entgegengesetzt wurde, so dürfen wir allerdings das im Entwurf erlangte begrüßen und besonders noch darüber froh sein, daß das Gesetz wieder weitere Verbesserungen neben den unvermeidlichen unsystematischen Einflickungen und kleinen „Schönheitsfehlern“ gebracht hat. Den verschiedenen Richtungen entsprechend wurde auch der Entwurf auf das verschiedenste beurteilt. Im Reichstag in der I. Beratung (12. und 13. Sitzung, 16. und 17. Dezember 1897) sagte der Reichskanzler: der Entwurf verwirkliche „moderne Rechtsanschauungen“, — Groeber: der Entwurf stehe weit zurück hinter den Erwartungen, — Beckh: er sei zu preußisch, — Schroeder und Bassermann erkennen ihn im allgemeinen an, v. Puttkammer-Plauth lehnte seine Tendenz hingegen ab.

Die Begründung des Entwurfs stellt in A. „Einleitung“ den bisherigen Zustand dar, gibt in B. die „Grundlagen des Entwurfs“, in C. die „Begründung im einzelnen“. Man kann sie keineswegs schlecht nennen; nur finde ich bei B. juristische Oberflächlichkeiten, und vermisse die so wichtige Darlegung, warum die

---

[21]) IX. Legislaturperiode, V. Session 1897/1898. Anlage Bd. I, Nr. 6. Erschienen bei Guttentag „Entwurf usw.“, 1897 und Heymann, Materialien. I. Heft 1897.

Grundlagen gerade so gewählt wurden; ich werde darauf im einzelnen zurückkommen.

Der Entwurf selbst wurde natürlich in der Tagespresse lebhaft besprochen. Daneben fand er besonders kritische Behandlung in den Schriften und Aufsätzen von Professor Oetker: „Gericht, Gerichtsherr, Verteidigung", Leipzig, 1898, — Prof. D. v. Marck: „Kritische Betrachtungen zur Militärstrafprozeßvorlage", Berlin 1898 (— die ausführlichste, wichtigste Schrift!) sowie Deutsche Juristenzeitung III, 1898, S. 149, — Stenglein „Gegen den Militärstrafprozeßentwurf", daselbst S. 11, — Dangelmaier in Streffleurs österr. Militärzeitschrift, 1898, 39. Jahrg., Bd. 1, S. 73 (eigentlich nur eine Inhaltsangabe, im ganzen zustimmend.) — v. Schwartzkoppen: „Die niedere Gerichtsbarkeit nach dem . . Entwurf . ." 1899. — endlich anonym: „Zur Militärstrafgerichtsordnung. Ein Mahnwort in letzter Stunde", und „Zur Reform des Militärstrafverfahrens", Beiheft zum Militärwochenblatt, 1897, S. 311, 325. (Der erste Artikel erschien wenige Tage vor dem Entwurf.)[22]) — Ich werde diese Litteratur bei den Einzelpunkten jeweils anführen.

Im Reichstag fand die erste Beratung am 16. und 17. Dezember 1897 in der 12. und 13. Sitzung statt[23]); sie enthält schon viel wertvolles Material zur Prüfung des Gesetzes. — In der darauf gewählten (VIII.) Reichstagskommission wurde keine Generaldebatte, sondern nur eine Einzelberatung in zwei Lesungen vorgenommen[24]). Die zweite Lesung im Plenum wurde in den 61.—65. Sitzungen am 15., 16., 17., 18., 19. März 1898[25]), die dritte in der 83. Sitzung am 4. Mai 1898 vorgenommen[26]). Aus

---

[22]) Der erste Artikel gibt die konservative Haltung des Militärs wieder; aus ihm wird klar, warum und inwiefern auch der Entwurf konservativ ist; eine Vergleichung des Entwurfs und des Artikels ist sehr wichtig. — Der zweite Artikel ist ein Auszug aus der Begründung. Interessant die Gegenüberstellung der „Verbesserungen" gegen das Preußische Verfahren. S. 354.

[23]) Berichte, Band I, S. 293 ff., 318 ff.

[24]) Anlage Bd. 2, Drucks. Nr. 150, S. 1504 ff. — Diese nebst den Beschlüssen des Reichstags in zweiter Beratung bei Heymann, Materialien, zweites Heft, 1898. — Dazu Berichterstatter De Witt. 61. Sitzung 15. März 1898. Gröber III. Beratung 4. Mai 1898.

[25]) Berichte Band II, S. 1495 ff., 1519 ff., 1553 ff., 1581 ff., 1617 ff.

[26]) Band III, S. 2155. — Veröffentlicht bei Guttentag: „Erste, zweite und dritte Beratung", 1898.

der zweiten Beratung muß als besonders wichtig die Programmrede hervorgehoben werden, in der der preußische Kriegsminister v. Goßler zu Anfang den preußisch-militärischen Standpunkt darlegte. Zu den ersten Teilen des Gesetzes sind die Beratungen zum teil sehr ergiebig. Später aber, besonders nachdem der 18. März meist mit politischen Reden zugebracht war, erlahmte das Interesse bedeutend. Stets sind die Reden der Abgeordneten Gröber und Beckh als die sachlich bedeutsamsten zu bezeichnen[27]).

Die dritte Beratung brachte die bei unsern Justizgesetzen ja schon bekannten Kompromißanträge (v. Arenberg u. Gen.), wonach ohne weitere wesentliche Bemerkungen die dem Entwurfe etwas schärfer gegenübertretenden Beschlüsse II. Lesung in vielen Punkten gemildert oder ganz rückgängig gemacht wurden[28]).

Darauf erfolgte die Vollziehung des Gesetzes als „Militärstrafgerichtsordnung" nebst den zwei Nebengesetzen am 1. Dezember 1898, seine Veröffentlichung im Reichsgesetzblatt Nr. 53 vom 15. Dezember 1898, S. 1189—1288, (Einführungsgesetz S. 1289 bis 1296).

D. Zu erwähnen sind nun noch die Schwierigkeiten, die wegen des von Bayern behaupteten Reservatrechtes entstanden, nun aber auch glücklich beigelegt sind. Im E.G. § 33 finden diese ihren Ausdruck: Bayern erklärt, daß ihm der Bündnisvertrag vom 23. November 1870, der ihm die Geschlossenheit seines Kontingents und die „Militärhoheit" garantiert, auch das Recht gebe, einen eignen obersten Gerichtshof zu besitzen. Dieser von der bayerischen Regierung und den bayerischen Abgeordneten stets behaupteten Ansicht gegenüber[29]) erklärte Preußen, daß der Bündnisvertrag ein Reservatrecht auf diesem Gebiet nicht verleihe. Das Gesetz selbst verlangt gegenüber dem Entwurf, daß wenigstens die Frage der

---

[27]) Beschlüsse des Reichstags in zweiter Lesung. Drucks. Nr. 203. Anl. Bd. III, S. 1800.

[28]) Beschlüsse III. Lesung. Nr. 285, Anl. Bd. III, 2360. Entwürfe danach: Drucks. 289, ebenda S. 2428.

[29]) Siehe Kommission zu § 33 E.G. — Reichstag: I. Beratung: 16. Dezember 1897 v. Puttkammer-Plauth und bayerischer Gesandter Graf v. Lerchenfeld, sowie Frhr. v. Hertling für das Reservatrecht, Schröder dagegen; 17. Dezember: Lerno für, — Bassermann gegen dasselbe, aber keine Majorisierung! III. Beratung, 4. Mai 1878 Schluß. Lieber, Frhr. v. Hertling und der Reichskanzler.

obersten Instanz mit Rücksicht auf Bayern **gesetzlich** geregelt werden müsse[30]). Zum Glück scheiterte die Reform nicht hieran, wie man vielerseits gefürchtet hatte: Der Streit wäre von weiteren politischen Folgen sicher begleitet worden. **Preußen** erkannte das bayerische Reservatrecht an, aber auch **Bayern** gab zu, daß seinem Rechte und der Geschlossenheit seines Heereskontingents genügt werde, wenn nur ein besonderer bayerischer Senat als Oberinstanz für die Entscheidungen der bayerischen Gerichtsherren und Militärgerichte beim Reichsmilitärgericht errichtet werde. Dem entspricht das Reichsgesetz betr. die Einrichtung eines besonderen Senats für das bayerische Heer bei dem Reichs-Militärgericht in Berlin, vom 9. März 1899. R.G.Bl. Nr. 8 vom 14. März, S. 135.[30a])

Ich will und kann nicht hier diese ganze Frage ausführlich behandeln. Der Streitpunkt wird immer der bleiben, ob die Gerichtsbarkeit im Heere zur „Militärhoheit" gehört, oder nicht. Wenn „nein", — dann hat Bayern kein Reservat auf diesem Gebiete. **Stenglein** in der D. Juristenzeitung II, 1897, S. 441, meint zwar, die Abgabe der obersten Instanz an ein **Reichsgericht** hebe die Geschlossenheit des bayerischen Kontingents auf. Ich kann das nicht glauben, denn, wenn die rechtliche Prüfung bayerischer Militärurteile durch ein Reichsorgan erfolgt, so bleibt das bayerische Heer doch immer in sich praktisch und in der Idee geschlossen; gewiß hat auch hieran niemand beim Vertragsschluß gedacht. Damit kann die Frage nichts zu thun haben. Nun muß ich gestehen, ich finde keine Wesensbeziehung zwischen Militärhoheit und Gerichtsbarkeit: diese gehört auch im Heer der Justizhoheit, — wenn man diese heutzutage recht bedenklichen Begriffe einmal gebrauchen will. Selbst wenn praktisch und besonders in der Geschichte die Gerichtsbarkeit der Militärhoheit angereiht war und ist, — wird sie ihr weggenommen, so schmälert das die Militärhoheit selbst noch nicht. — Gehörte sie aber wesentlich zur Militärhoheit, dann hat auch **Bayern** ein Reservatrecht auf sie. Das müßte **Preußen** nach seiner ganzen Auffassung von der Militärgerichtsbarkeit eigentlich unbedingt anerkennen. Und mir scheint auch aus der geschichtlichen

---

30) Die Fassung des § 33 E.G.: „wird anderweit gesetzlich geregelt" erscheint, ohne daß darüber gesprochen wurde, als Redaktionsänderung gegenüber dem „wird besonders geregelt" des Entwurfs! Mir scheint dies eine wichtige sachliche Änderung zu sein.

30a) Siehe bayerische Abgeordnetenkammer vom 24. März 1899.

Entwicklung der Militärgerichtsbarkeit hervorzugehen, daß die Vertragschließenden sie 1870 wie heute als zur Militärhoheit gehörend betrachteten. — Ganz irrig aber muß ich die Konstruktion v. Marcks nennen[31]), der wohl die Militärgerichtsbarkeit zur Militärhoheit rechnet, aber sagt: diese letztere solle nach dem Versailler Bündnisvertrag gar nicht in ihrem vollen Umfange Bayern zustehen; historisch habe man insbesondere nicht an die Gerichtsbarkeit bei jener Vertragsbestimmung gedacht; auch der „Zweck im Recht" stehe dem bayerischen Reservat entgegen. Hierbei wird irrig aus einem selbstgefundenen Zweck und aus einer zweckentsprechenden Betrachtung der Geschichte der Begriff „Militärhoheit" im Vertrage willkürlich ausgelegt.

II. Allgemeine Gesichtspunkte der Betrachtung.

1. Prüfen wir zuerst den systematischen Ausgangspunkt der Militärgerichtsbarkeit und damit unsrer Kritik.

Zu betrachten ist das neue Gesetz im Vergleich zu den drei alten Systemen, — zu der bestehenden Z.St.P.O. und zu den Novellenentwürfen.

Zu berücksichtigen sind die beiden Standpunkte: der militärische und der juristische.

Daß beide heterogen sind, zeigt die bisherige Erörterung, aber natürlich eine Vereinigung ist zu finden, und zwar so, daß keine Forderung zu kurz kommt. Der militärische Standpunkt weist auf die Bedeutung des Heeres als einer zum Krieg nötigen Staatsorganisation, — der juristische weist auf die Anerkennung derjenigen Anschauungen, die in unsrer Zeit bezüglich der Stellung der einzelnen zum Staat, bezüglich der äußern Einrichtung der Staatsorganisation, der Wirksamkeit derselben gegenüber dem einzelnen und den andern Organisationen, kurz bezüglich der „Form der Interessenverhältnisse" herrschen und die als die zweckmäßigsten anerkannt sind. Da die Rechtsordnung nicht das Wesen der Rechtsverhältnisse beeinträchtigen soll, da sie vielmehr ermöglichen soll, daß jedes Lebensverhältnis gemäß seiner innern Bedeutung sich möglichst gut entfalten kann, — so darf sie auch das Heerwesen,

---

[31]) Das Bayerische oberste Militärgericht. Ein Gutachten. Berlin 1897. Derselbe in Kritische Betrachtungen Nr. 11, S. 75 ff., — und in der D. Juristenzeitung III, 1898 S. 149.

dessen „Kriegsbereitschaft“ nicht beeinträchtigen. Aber ein Verhältnis ist nicht das einzige, es bestehen viele Interessen im Staat, die sich reiben, die alle Berücksichtigung verlangen. Die Abschleifungen vorzunehmen, ist die schwere Aufgabe der Rechtsordnung und Rechtswissenschaft. Dabei leiden allerdings die einzelnen Interessen not, wenn sie nur vom Standpunkte eben des einzelnen Interessenten betrachtet werden. Aber da kein Mensch nur in einem einzelnen Interesse lebt, kein Bürger eben nur Soldat ist, und da der Mensch und der Staat nur dann harmonisch ihre Kräfte entfalten können, wenn alle Interessen gleich entfaltet sind, so schadet auch das Abgehen von einem Interesse nicht, sobald damit zugleich die andern als gleichberechtigt anerkannten Interessen soweit gefördert werden, als das die Zeitentwickelung verlangt. Das ist eine ideale Forderung, deren Verwirklichung wohl nie ganz gelingt, aber zu erstreben ist.

Derart kann von Unversöhnlichkeit der Interessen nicht die Rede sein. — Das Militär erkennt das auch an, nur besteht Streit über das Maß.

2. Das Militär verlangt von einem Strafprozeß Aufrechterhaltung der Disziplin, der vollen Unterordnung unter die Kommandogewalt zur Einheit. Strafgewalt ist Erziehung zu Gehorsam, muß einheitlich geleitet werden. Es darf nichts von außen in dies Verhältnis hereinkommen. Zugleich kommt die Fürsorge des Obersten für die Soldaten im Prozeß zum Ausdruck.

Dem entspricht das alte Verfahren: Der Befehlshaber „Gerichtsherr“ verfügt über das ganze, Einleitung, Verfolgung, Untersuchung, Urteil, sogar Verteidigung. Das ist „patriarchalisch“. Abtrennung der Rechtsprechung ist da nur gewissermaßen eine persönliche Ratserholung bei einem, der sich persönlich bisher unbeteiligt gezeigt hat, der einerseits mit dem Gerichtsherrn ziemlich gleichen Rang hat, anderseits doch auch dem Rang, der Stellung des Angeklagten nicht zu fern stehen soll, damit er dessen Anschauungen versteht. Dazu müssen möglichst militärische Anschauungen bei denen bestehen, die den Fall untersuchen und ihre Meinung abgeben[32]). Diese Anschauung gilt auch in Bayern, wenn auch hier in sehr ab-

[32]) Aber auch jetzt schon ist der Befehlshaber nicht mehr ganz frei: Preußen § 104 nach formeller Untersuchung muß ein Erkenntnis in der Sache folgen und § 168 ein Urteil muß der Gerichtsherr bestätigen; ebenso Württemberg und Bayern.

geschwächtem Maße, da hier eben ein halber Schritt zum Anklagesystem gethan worden ist, der aber die alte Grundanschauung noch bestehen läßt.

Das Verbrechen besteht allerdings auch beim Soldaten in einer Handlung, die zur Befriedigung irgend eines Gefühls auf unrechte Art dient. Aber es enthält nach militärischer Anschauung, die voll berechtigt ist, zugleich wesentlich eine Gehorsamsverletzung. Als solche muß es beurteilt werden, diese muß in der Strafe zum Ausdruck kommen.[33]) Der Untergebene soll während des Verfahrens fühlen, daß er als Untergebener einem Gehorsam heischenden Oberen gegenüber steht, — und dies Verhältnis darf und kann natürlich nur das einheitliche militärische sein.

Die Strafe soll zur Aufrechterhaltung der Ordnung dienen.

3. Der Jurist aber verlangt: vor allem Anerkennung absolutester Einheit des Heeres, strengster Geschlossenheit, wozu Gehorsam durchaus nötig, ein Verhältnis, das außerhalb nicht besteht und das alle Lebensverhältnisse des Soldaten durchdringt; wie die katholische Kirche, so fordert das Heer den Menschen ganz!

Aber während zu Zeiten des Absolutismus der Einzelne keine — oder kaum! — anerkannte „öffentliche Rechte" gegenüber der Staatsorganisation hatte, ist das heute anders: in seinem Verhältnis zum Staat hat er nicht nur Pflichten, er kann rechtlich verlangen, daß der Staat sich in gewissen Schranken halte.

Das hat zur Folge:

1. Daß in diesem Verhältnis auch der Einzelne aus seinem Rechtskreise eigene Verantwortung trägt.
2. Daß zur Prüfung der Rechtsverhältnisse zwischen Staat und Bürger die Gerichtsgewalt eine eigene, nicht getrennt vom Staate, aber eine einheitliche sei, die auch von den einseitigen Interessen des Staatslebens menschlich, d. h. in ihren menschlichen Trägern freigehalten werde.

Dies Verhältnis durchdringt unser ganzes modernes Sein, — auch das Heerleben. Wollte sich dies den neuen Anschauungen widersetzen, — es müßte weichen, es würde brechen, notleiden. Denn

---

[33]) Reinsdorff z. B. in seiner angeführten Schrift gibt dem Strafverfahren gar keinen anderen Zweck als den, der Disziplin zu dienen. Aehnlich v. Marck §§ 65 f. § 82, Kritische Betrachtungen Nr. 5 S. 34 ff. Dagegen Werner, Erörterungen S. 21.

Menschen, die mit solchen Ansichten durchtränkt Soldaten werden, kommen stets in Konflikt ihrer Ideen, den sie nicht lösen können.

Das Militär wird sich diesen Anschauungen, die ja noch nicht einmal anerkannt sind, nur schüchtern sich geltend machen, gewiß schwer fügen. Denn es bedeutet das ein Aufgeben der Tradition, der altgewordenen Einrichtung. Und doch wird es nötig sein — umsomehr, je mehr die Anschauung von der Selbstherrlichkeit des Einzelnen sich Geltung verschafft. Das soll aber nicht Schwächung des Heeres bedeuten, im Gegenteil, damit soll auch das Heerwesen sich heben, indem immer mehr und mehr die einzelnen Glieder dieses Organismus Einzelleben empfangen. Man verkennt immer, daß Selbständigkeit des Einzelnen, eine starke Individualität sich sehr wohl mit einer starken Leitung vertragen kann, — man meint immer, das müsse zur Anarchie führen; nur ist die Lösung des Problems eine ungemein schwere.

Es erkennt auch das Militär an, daß der Einzelne selbst berechtigt und selbst verantwortlich sei. Unsere ganze technische Schulung geht darauf hinaus. Ebenso ist die Gehorsamspflicht des Untergebenen gemäß § 47 M.St.G.B. nicht mehr absolut. Der Soldat ist selbst verantwortlich; welcher schwere Pflichtenkonflikt damit dem einfachen Gemeinen aufgeladen ist, erkennen die Schriftsteller an.

Die Anschauung ad 2 oben, die dem reformierten Strafprozeß zu Grunde liegt, wenn auch keineswegs klar ausgebildet, ist in der neuen Milit. G. O. auch anerkannt. Der bisherigen militärischen Anschauung entspricht freilich der Untersuchungsprozeß. Der moderne Gedanke ist hier bisher noch nicht durchgedrungen — und doch hat sie ihn anerkennen müssen. Freilich recht zögernd, aber da er im Prinzip und in der Form in Einzelheiten anerkannt ist, so zeigt dies, daß das Heer nach der Ansicht seiner Leiter ganz wohl mit ihm auskommen kann. Denn ist die neue Anschauung dem militärischen Interesse entgegen, dann fordert dasselbe keinen Fußbreit nachzugeben. Jedes Nachgeben bricht das Heer.

Aber umgekehrt: Anerkennung unsres Prinzips fordert volle Anerkennung. Denn sonst leidet dieses Not — und damit auch die Heeresorganisation. Ja, nur halbes Anerkennen, wie das jetzt geschehen ist, Verquickung zweier Ideenkreise, schadet dem Verfahren außerordentlich und durchbricht auch den Heeresorganismus, wie er noch bisher bestand, ohne ihm ein Verfahren zu geben, mit dem er auf die Dauer auch bei allem Nachgeben gegenüber der neuzeitlichen Rechtsanschauung wohl auskommen könnte. Daher ist zu zeigen, daß volles Anerkennen eines Verfahrens, in dem

a) das Gericht absolut unabhängig ist, aber auch seine volle Macht zum Rechtsprechen hat,

b) der Beschuldigte selbständig seine Rechte wahren, geltend machen kann, daher

c) der Strafberechtigte die rechtliche Anerkennung seiner Interessen vom Gericht gegenüber dem Beschuldigten verlangen muß, bevor er sie ausübt, und daher umgekehrt

d) er unabhängig vom Gericht über das Klagerecht verfügt, seine Klage aber auch das Gericht formell in seiner Untersuchung und Rechtsprechung abgrenzt — sich sehr wohl mit der Aufrechterhaltung der Disziplin verträgt.

Zu dieser Darlegung ist eine weitere Ausführung nötig: Ein Verbrechen ist eine Handlung, vorgenommen wie jede Willenshandlung, zur Beseitigung eines Unlustgefühls im Thäter; sie ist ein Angriff auf ein rechtlich geschütztes Gut. Die Strafe ist Einwirkung auf den Charakter des Thäters durch Einpflanzung kräftiger Gegenmotive, zugleich durch ihre Drohung Generalprävention und auch ein sozial-ethisches Werturteil über die Handlung.

Denselben Charakter hat auch das rein militärische Delikt. Hier wird ein Gut geschützt, an dem der Staat um seiner selbst willen Interesse hat: der Gehorsam, die Ordnung im Heere. Während aber bei den Verbrechen schlechthin das Wohl des Staates als solches angegriffen wird, wird durch ein Disziplinarunrecht nur die innere Ordnung im Heere angegriffen, die für den Staatsbestand noch kein unmittelbares Interesse hat, und die lediglich das innere Treuverhältnis im Heere berührt, nicht aber wie das kriminell strafbare Unrecht das Treuverhältnis des Rechtsunterthanen zur Rechtsordnung schlechthin. Daher sind sowohl die Motive des kriminellen Unrechts wie die Wirkung derselben ganz andre als die des Militär-Disziplinarrechts. Daher kann auch nie eine von Disziplinar-Rücksichten getragene, nur der Aufrechterhaltung der Ordnung im Heere dienende Strafe dem Zweck der Kriminalstrafe gerecht werden.

Wohl aber verlangt die Heeresordnung, daß jeder Soldat seine Personenehre besonders hoch halte. Darauf ruht das Heer. Seine Ehre nicht durch schlechtes Verhalten zu mindern, ist ein oberster Befehl im Heere für jeden Soldaten, den der Fahneneid bekräftigt. Daher soll Ehrliebe ein besonders starker Charakterzug des Soldaten, ein Gegenmotiv gegen Verbrechensbegehung sein, die stets eine Ehrenminderung enthält. Daher ist Verbrechensbegehung durch einen Soldaten zugleich Gehorsamsverletzung, Störung der Ordnung im Heere und oft Beweis, daß genügende Ehrliebe mangelte.

Das ist aber eine rein ideelle Auffassung, die allerdings Berücksichtigung im Strafenwesen des Militärs verlangt, die eine besondere Strenge der Strafe rechtfertigen kann, die aber den hervorstechenden Charakter eines Verbrechens: Interessebefriedigung aus einem „antisozialen Charakter“ nicht beeinträchtigen kann. Auch beim Soldaten muß die Strafe den Zweck verfolgen wie bei jedem Nichtsoldaten. Sein Charakter wird kein andrer dadurch, daß er Soldat ist. Jedoch verbunden mit diesem Zweck kann und muß sein der Zweck der Disziplin-Aufrechterhaltung.

Daher ist Geltendmachung des Strafrechts auch gegenüber dem Soldaten lediglich Ausfluß der Staatsgewalt, die durch die Strafe ihre Rechtsordnung aufrecht zu halten sucht[34]), ebenso wie außerhalb des Militärs — nicht Ausfluß der militärischen Kommandogewalt, deren Zweck die Leitung des Soldaten, Zusammenhaltung der Heereseinheit durch den Gehorsam ist[35]), aber trotzdem können wir die Strafverfolgung der Kommandogewalt **überlassen**, — der zivile Staatsanwalt braucht sie nicht auszuüben und wir können die Rechtsprechung in den Militärorganismus einfügen. Ja, wir müssen das thun, um die Einheit der militärischen Organisation zu wahren, da die militärische Disziplin, die der Verbrecher verletzte, ja auch Berücksichtigung erheischt, da sehr oft überwiegend militärische Interessen bei den Strafthaten zu beurtheilen sind, und da in einem Verfahren gegen Unrechtthuer im Heere die Aufrechterhaltung der Disziplin gerade während des Laufes der Untersuchung besonders schwierig und besonders wichtig ist. Auch ist es vollkommen berechtigt und praktisch, wenn einheitlich die diszipli-

---

[34]) Ebenso **Bassermann**, 13. Sitzung 17./12. 97. **Werner**, a. a. O. S. 37 f.

[35]) Dem gegenüber kann die Mil. Justizverwaltung sehr wohl Ausfluß der Militärgewalt sein. Davon geht die M.G.O. aus, §§ 111—114, die daher auch diese Thätigkeit nicht dem Reiche, sondern den Kriegsministerien, oder allgemeiner den selbständigen obersten Militärverwaltungen überträgt.

nären und strafrechtlichen Interessen verfolgt werden. Daher ist es sehr wohl möglich, daß der verfolgende Vorgesetzte, der ein strafrechtliches Einschreiten ablehnt, noch zu einer disziplinären Verfolgung Anlaß hat. Das bestimmt denn auch die M.G.O. 251 (ebenso wie früher Pr. 102) ganz berechtigterweise. Nur ist hier zu beachten, daß die Beziehungen zwischen Strafrecht und Disziplinarrecht auf militärischem Gebiet ganz anders betrachtet werden, als das sonst in der Wissenschaft — auch von mir — angenommen wird. Wenn ich daher behaupte, daß das Strafverfahren gegen Militärpersonen im militärischen Kreis vor einem das militärische Interesse verstehenden Gericht vorzunehmen ist, so muß ich doch als Voraussetzung hierfür verlangen, daß es das gleiche Ziel wie das bürgerliche Verfahren und die gleichen Rechtsgarantieen zur Erlangung materieller Wahrheit und zur Wahrung der gemeinen Personenrechte des Beschuldigten enthält[36]). Insbesondere darf nicht etwa unbewußt aus der alten, offiziell wohl aufgegebenen, aber dennoch so leicht die militärischen Ideen beherrschenden Theorie, daß das Militärstrafrecht ein Standesrecht sei, die Forderung einer besondern Gestaltung des Strafverfahrens hergeleitet werden. Alle derartige Versuche wären a limine abzuweisen[37]).

Das schließt aber keineswegs aus, daß in diesem reformierten Verfahren auch die militärische Disziplin einmal im Strafurteil zum Ausdruck komme und sodann während des Ganges desselben gewahrt bleibe. Das erstere wird wohl jeder unbesehen zugeben, die Möglichkeit des zweiten wird militärischerseits bezweifelt. Freilich die neue M.G.O. gestattet das nur sehr unvollkommen. Aber ein den reformierten Prozeßanschauungen folgerichtig entsprechendes Verfahren würde das gestatten!

4. a) Hier zeigt sich die Unzweckmäßigkeit der gemeinen Auffassung vom Strafverfahren: danach wird das Strafrecht des Staates vom Gericht grundsätzlich gewahrt, und nur damit dies möglichst objektiv urteilen könne, wird die Verfolgung ihm abgenommen und wird es durch allerlei von außenstehenden „Parteien" zu beobachtende Formen (Klage) eingeschränkt. Daher bietet das nach dieser Auf-

---

[36]) Übereinstimmung der Grundsätze verlangen auch Bothe, S. 69, v. Marck, Werner, S. 21 u. A.

[37]) In der Kommissionsberatung kam dieser Gesichtspunkt freilich auch wieder zum Ausdruck, bezüglich der Offiziere z. D. — Daselbst ad § 1. — Auch bei v. Marck, Kritische Betrachtungen S. 55 f.

fassung angeordnete moderne Strafverfahren das eigentümliche Bild, daß das Gericht, das eigentlich das Strafinteresse vertritt, stets in seinem Verfahren gehemmt wird und daß der Staatsanwalt, statt energischer Interessenvertreter zu sein, nur ein losgelöstes Gerichtsglied von halber Kraft ist, und daß die Kompetenzen überall unklar verteilt sind. — Diese Idee kehrt auch in der M.G.O. wieder. Statt nun dem disziplinarberechtigten Befehlshaber auch die volle Vertretung und Beherrschung des Strafrechts zu belassen — das Gericht aber nur zum Rechtsprecher und Wahrer prozessualer Zwangsformen zu bestimmen — ist auch hier die Idee maßgebend, daß der Träger der Gerichtsgewalt eigentlich die Strafgewalt darstelle; jedoch soll die Rechtsfindung hierbei von einem selbständigen Organ ausgehen. Während aber im bürgerlichen Strafprozeß dieses letztere den Mittelpunkt darstellt, bildet im Militärprozeß der Strafverfolger denselben. In beiden Prozeßarten ist nur dem eigentlichen Träger der Gerichtsgewalt ein wesentliches Stück seiner Macht genommen worden. Damit schon zeigt sich auch hier die Zerreißung der Strafgewalt wie im zivilen Verfahren, hier nur mit dem schlimmeren Erfolg, daß dem Befehlshaber auch die ihm notwendige Disziplinargewalt damit verloren geht. Und da man das zu vermeiden suchte, da man den Befehlshaber doch noch als den zur Strafübung allein berechtigten wenigstens ideell hinstellen wollte, so mußte man zu dem noch unglücklicheren Auskunftsmittel greifen, daß man das Gericht wieder gewissermaßen vom Befehlshaber nach dem alten Muster abhängig machte, — alles unglückliche Folgen verkehrter theoretischer Anschauungen.

b) Wenn thatsächlich, wie es die militärische Anschauung ist und also auch in der M.G.O. zum Ausdruck kommen soll — die Anklage rein Ausübung der Disziplinargewalt wäre[38]) — dann müßte sie auch absolut frei im Ermessen des Kommandoberechtigten stehen (disziplinäres Opportunitätsprinzip gegen Legalität), denn

---

[38]) Rehm, „Wesen und oberste Prinzipien der neuen M.Gerichtsbarkeit", Z 19, 416, führt Nr. II aus, daß die Militärgerichtsbarkeit nach der M.G.O. zur Militärverwaltung gehöre und daher (Nr. III) der Kommandogewalt nur als Zubehör angegliedert sei. Dieser sehr künstlichen Auffassung kann ich nicht beistimmen. Ich bedaure, daß ich die interessante Arbeit nicht mehr eingehend benützen konnte: sie leidet daran, daß Verfasser die Prozeßprinzipien nicht scharf genug faßt, und daß nicht recht zu erkennen ist, ob er seine persönliche Anschauung oder nur referierend die Ideen des Gesetzes vorträgt.

die Aufrechterhaltung der Disziplin erfordert unbedingt freie Bestimmung und wird durch die starre Bindung an den Wortlaut des Gesetzes, die das Prinzip unserer deutschen Strafrechtsverfolgung ist, in ihrem Wesen verkümmert; so war das auch im Entwurf der M.G.O. bestimmt. Nun aber hat der Reichstag in dies System einmal die Bindung der Anklage an die Gegenzeichnung des gerichtsherrlichen Beistands (§§ 245, 253) und sodann namentlich das schöne Institut des Antragsrechts eines Verletzten an das Reichsmilitärgericht eingefügt §§ 247—249. — Damit ist die Disziplinargewalt des Gerichtsherrn völlig gebrochen! oder richtiger, es ist anerkannt, daß Strafverfolgung und Disziplinverfolgung zwei verschiedene Dinge sind; andere Halbheiten werden wir im Laufe dieser Besprechung kennen lernen.

c) Lockert aber umgekehrt ein folgerichtig durchgeführtes reformiertes Strafverfahren die Disziplin im Heere?

Man muß Wesen und Ausübung der Rechtsprechung und Rechtsverfolgung richtig erkennen (allerdings folgen nicht viele dieser von mir sehr streng durchgeführten Anschauung):

Rechtsverfolgung ist Interessevertretung. Sie muß dementsprechend möglichst kraftvoll gestaltet sein, nicht die schwächliche nur halbverantwortliche Stellung des modernen Staatsanwalts haben, der überall sich durch die Verantwortung des Gerichts decken kann und nichts selbst zu leisten braucht.

Dementsprechend soll die Anklage allein von dem Strafverfolger abhängen; diesem braucht aber auch nicht noch eine besondere Sorge für den Gegner auferlegt zu werden.

Ihm gegenüber soll der Beschuldigte besonders in seiner Stellung frei, selbstverantwortlich, aber auch mit Hilfe eines Verteidigers kräftig genug sein, seine Rechte zu wahren. Er muß ebenso wie der Verfolger in die Beweiserhebung stets eingreifen und hier selbst zur Aufklärung beitragen können, ohne daß er in allen Dingen unter der Bevormundung des Gerichts steht.

Rechtsprechung anderseits ist Verkörperung der Rechtsordnung. Sie steht über jeder einseitigen Interessenvertretung, hat mit derselben gar nichts zu thun. Daher kann sie wohl die Leitung der Untersuchung und die Anwendung der Zwangsmittel besorgen; sie soll aber nicht in der halb wohlwollenden-inquisitorischen, halb zurückhaltenden Art unsrer Prozeßordnung überall die Fäden der Verfolgung und Verteidigung in der Hand haben, die sie ja doch nicht voll und ganz besorgt, sondern stets wieder der Verantwortung der Parteien überläßt.

Rechtsprechung und Strafverfolgung stehen sich nun nicht derart gegenüber, daß sie zwei einander völlig fremde Gewalten wären: sie sind beide nur menschlich getrennte Funktionen des gleichen Staates, denselben allgemeinen Staatsregeln und Rechtssätzen unterworfen.

5. Wird danach ein Rechtsverfahren im Heere eingerichtet, so muß der Kommando- und Disziplinarberechtigte Vorgesetzte der Strafverfolger sein, dem die von mir geforderte Stellung eingeräumt wird. — Von ihm aber ist die Rechtsprechung persönlich völlig getrennt, wenn sie auch in den Heeresorganismus sonst eingefügt ist. Das will ja auch die militärische Anschauung, daß das Strafrecht abhänge von dem Disziplinarberechtigten, und allein aus der verkehrten theoretischen Auffassung, daß die Strafrechtshandhabung dem Gericht zustehen müsse, kommt dann die Forderung, daß der Disziplinarvorgesetzte, der die Verfolgung leitet, auch der „Gerichtsherr" sein müsse, was sich wieder mit der Forderung der Trennung der zwei Aufgaben und der Unabhängigkeit der Gerichte nicht vereinen läßt[39]).

An sich aber hat nach meiner Auffassung die Rechtsprechung mit der Disziplin gar nichts zu thun; diese wird gehandhabt von dem Strafverfolger und nur in dem ganz beschränkten Umfang der Prozeßhandlungen steht sie dem Gericht zu. Nur in dieser leicht abgrenzbaren Weise treffen sich die zwei Disziplinargewalten, was zu einem Konflikt nach meiner Anschauung so wenig führen kann, als heute wirkliche Konflikte vorhanden sind, wenn einmal zwei Kommandogewalten zusammen bestehen, sei es nun, daß die eine höher ist als die andre, oder daß der Untergebene für eine Zeit aus dem einen Disziplinarverhältnis ausscheidet und in das andre übertritt, wie bei der Wache z. B.

---

[39]) Wenn man meine Grundanschauung mit der militärischerseits vertretenen vergleicht, — etwa bei v. Marck, kritische Betrachtungen, S. 34—38, — so erkennt man wohl, wie nahe sich beide, trotz ihrer Gegensätzlichkeit, stehen: Meine scharfe Kritik der M.G.O. geht ganz von dem auch militärischerseits vertretenen Standpunkt aus, daß die Strafverfolgung allein der Disziplinargewalt zustehen, und daß diese nicht beeinträchtigt werden dürfe. Nur in der rechtlich technischen Ausbildung dieses Gedankens stehen wir einander gegenüber mit den Losungsworten: „Hie Untersuchungsgrundsatz!" — „Hie Parteigrundsatz!"

Bei dieser Konstruktion bleibt die Disziplinargewalt einheitlich, — verbunden mit der Strafverfolgung.

Anderseits steht die Rechtsprechung im Heeresorganismus. Die Rechtsordnung muß natürlich auch alle militärischen Verhältnisse durchdringen; im Gericht findet sie nur ihre besondere Verkörperung; aber sie soll auch die Disziplinarhandhabung schon innerlich beherrschen. Diese wird an sich schon bei dem ruhigen Gang der Verhandlungen nicht wohl in Konflikt kommen mit der Rechtsordnung. Tritt aber ein solcher zwischen dem disziplinarberechtigten Strafverfolger und dem Gericht ein, so braucht er sich garnicht vor dem Untergebenen abzuspielen und die Ausübung der Disziplin braucht insbesondere nicht eine geteilte zu sein.

Daher bleibt nur die Erörterung der Straffrage zwischen dem Verfolger und dem Gericht gegenüber dem beschuldigten Untergebenen und unter dessen Mitwirkung als etwas, das der Disziplin schädlich werden könnte. Da aber diese Straffrage an sich mit der Disziplinarfrage nichts zu thun hat, so kann das noch nicht eine Lockerung der Disziplin bedeuten. Ja, es finden doch auch heute schon sogar Erörterungen über Disziplinarfragen zwischen Untergebenen und Vorgesetzten statt, ohne daß man darin eine Gefahr für das Heer sieht. Eine Klarstellung der Thatsachen im Strafverfahren, im thatsächlichen Widerspruch des untergebenen Beschuldigten und seine Verteidigung können sehr wohl innerhalb der Disziplinarverhältnisse vor sich gehen, ohne der Disziplin zu schaden; ebenso kann eine Handhabung der prozessualen Zwangsmittel durch das Gericht sehr wohl innerhalb der Disziplinarverhältnisse zur Ausübung kommen. Und wenn endlich die Strafrechtsfeststellung durch das Gericht von dem Antrag des disziplinarberechtigten Strafverfolgers abweicht, so ist doch damit nichts andres geschehen als eine auch heute so alltägliche Korrektur eines Vorgesetzten durch einen andern.

Die militärische Anschauung freilich geht dahin[10]) „das unabhängige Gericht sei ein von außen in die Disziplinarordnung eindringender fremder Körper". Das ist eben eine völlig veraltete Auffassung von der Teilung der Gewalten und eine Verkennung des Wesens des Gerichts. Dieses bildet einen Teil des Heeresorganismus mit seinem Subordinationsverhältnis und verkörpert

---

[10]) Z. B. Entwurf, Begründung. B. I.

nur die Gerechtigkeit in der Disziplin, und daß beide nichts Heterogenes sein dürfen, erkennt doch das Militär an[41]).

Wenn sich der Disziplinarberechtigte dem Spruch der Rechtsordnung beugt und der Untergebene empfindet das, so schadet das meines Erachtens nicht der Disziplin, sondern erhöht die Achtung und Liebe jedes Soldaten gegenüber seinem Vorgesetzten und versöhnt den notwendigen Gegensatz der Idee absoluten Gehorsams gegen die Idee der Selbstberechtigung des Rechtssubjektes.

Danach kann die Disziplin während des Verfahrens nach reformierten Grundsätzen sehr wohl einheitlich gehandhabt werden und die Idee einer einheitlichen Disziplin leidet so wenig wie ihre Verkörperung irgendwie Schaden.

6. Die gemeine Auffassung vom Wesen des Strafprozesses, wonach zwischen Strafverfolger und Gericht nur eine Funktionsteilung einer einheitlichen Rechtsaufgabe vorliege, genügt freilich dieser meiner Auffassung nicht. In ihr tritt die reine Scheidung der Aufgaben nicht klar genug zutage. Daher weiß niemand recht, wer eigentlich das Strafrecht handhabe, und da diese Handhabung parallel gehen solle mit der Ausübung der Disziplin, so muß allerdings auch in diese eine bedenkliche Spaltung und Unsicherheit kommen.

Die M.G.O. ist aber garnicht nach dem Muster dieser Auffassung zugeschnitten, sondern sie trägt den Charakter eines reinen Inquisitions-Verfahrens, nur mit der dürftigen Verbrämung der „Anklageform". Der Gerichtsherr bleibt in ihr im Mittelpunkt des ganzen Verfahrens derart, daß die Strafverfolgung und die sich darauf gründende Rechtsprechung von ihm abhängt. Da aber die modernen Äußerlichkeiten der Form zu dem alten System nicht passen, so wird die Disziplinarordnung in jeder Weise durchbrochen; der Gerichtsherr behält sie nur scheinbar in der Hand, in Wahrheit ist er überall gebunden.

Er ordnet zwar die Untersuchung an, er bestimmt über die Anklage und zwar im Gegensatz zur Z.St.P.O. frei von einem gerichtlichen Eröffnungsbeschluß — § 258, der ja hier nicht nötig ist, da der Gerichtsherr selbst das strafberechtigte Gericht darstellt, — aber — abgesehen von seiner Unterordnung unter das Reichs-M.Gericht, von der ich eben schon sprach, — er muß alles durch

[41]) Siehe oben die Äußerung des Kriegsministers im Reichstag!

den in seinen Handlungen von ihm nur beschränkt abhängigen Gerichtsoffizier oder Kriegsgerichtsrat besorgen lassen.

M.G.O. §§ 97, 156, 245, 255.

Seine Anklage ist unwiderruflich, ähnlich dem Satz „la cour est saisie“ § 260 (aber § 272).

Der Gerichtsherr delegiert nicht nur den Untersuchungsführer, — § 156, den die Anklage formell vertretenden Gerichtsoffizier und Kriegsgerichtsrat — M.G.O. § 273 —, sondern auch das Gericht selbst — §§ 18, 261. — Aber nirgendwo darf er in die materielle Verhandlung eingreifen! §§ 167, 273.

Er kann in der Anklage von den Ideen andrer Personen abhängig werden, — § 97 Abs. 3 — anderseits kann er aber durch seine Stellung allein schon das Gericht wenigstens unbewußt beeinflussen.

Und endlich: das Urteil des Gerichts wird rechtskräftig, aber diese Rechtskraft wird „bestätigt“ durch einen Befehlshaber. § 416.

Das soll nach der Begründung nur zum Ausdruck bringen, daß der Befehlshaber die Vollstreckung des Urteils befehle. Ja, warum sagt man das nicht wörtlich? Warum behält man diesen Flicken des alten Kleides, der dort sein volles Recht hatte, hier bei? Ich fürchte, gar manchmal wird ein Gerichtsherr recht kopfschüttelnd diese „Bestätigung“ vornehmen. Und das nur, weil sich der Gesetzgeber nicht klar war über die Bedeutung der Strafverfolgung gegenüber der Rechtsprechung. Weil er glaubt, daß dem Gericht allein die Strafhandhabung zustehe, so mißversteht er die Stellung des Strafverfolgers, der nach dieser Ansicht nur eine äußere Statistenrolle spielen könne. Diese kann natürlich dem Kommandoberechtigten nicht zugemutet werden. Daher auch die ängstliche Anschauung der Entwurfsbegründung, daß der Disziplinarberechtigte unmöglich als Strafverfolger bloß Anträge an das Gericht stellen könne, die möglicherweise abgelehnt würden. Nach der gemeinen Auffassung vom Wesen des Anklageprozesses ist darin freilich etwas bedenkliches zu sehen, — wo aber die materiell bedeutende Stellung des Strafverfolgers als Strafrechtsinteressent, d. h. als wahre Partei richtig erkannt wird, da verliert diese Stellung eines Antrags an das Gericht den Charakter des Unwürdigen völlig, den die Entwurfsbegründung (B III 1) darin findet[42]).

[42]) Ganz gut über Staatsanwaltschaft im M.G.Verfahren; Bothe a. O. S. 82 f., Werner, S. 12 ff. — Durchaus einseitig und irrig: Reinsdorff,

Also statt eines Systems lauter Halbheiten. Der kleine Finger ist gegeben. — Die Rechtsanschauung wird mehr wollen und wenn wir aus der Geschichte lernen können, so dürfen wir getrost weissagen, daß auch das M.G.Verfahren in einigen Jahrzehnten den weitern Schritt thun wird, den das bürgerliche Verfahren gethan hat.

Hier war nun Gelegenheit, ein Inquisitionsverfahren im Anklagegewand zu zeigen, wie es sich so viele denken, — und was ist herausgekommen: halb das eine, halb das andre, — ein Zeichen, daß jene Anschauung verfehlt ist. — Jetzt möge Bornhak seine Auffassung vom Strafprozeß an der M.G.O. prüfen[43])!

7. Der Untersuchungsgrundsatz der M.G.O.

Da wir in unserm modernen Lehrsystem des Strafprozesses von dem Anklagegrundsatz ausgehen, so stellen wir scharf getrennt das Gericht als Träger der Rechtsprechung den Parteien gegenüber. Versucht man die gleiche Systematik für die M.G.O., so zeigt sich sofort, daß sie unmöglich ist, denn Parteien gibt es hier nicht; nur wenige der Parteirechte sind dem Beschuldigten gegeben; die Anklageseite aber ist ganz bei den Trägern der Gerichtsbarkeit geblieben und nur unter diese derart verteilt, daß rein äußerlich einige Thätigkeiten der Verfolgung von der Thätigkeit der Rechtsprechung gelöst sind[44]).

Wir haben eben in der M.G.O. nicht ein auf dem reformierten Parteigrundsatz aufgebautes Verfahren, sondern ein klares Untersuchungsverfahren, dem allerdings einige mit dem Anklagegrundsatz wesentlich zusammenhängende Garantieen gegeben sind. (Unabhängigkeit der erkennenden Gerichte, Bindung des Urteils an die Anklage, kontradiktorische Verhandlungsform). Daher und da rein äußerlich vom Anklageprozeß Formen und Gesetzesworte in der

---

S. 22 ff. — Fuld, a. O., S. 20, stellt verkehrterweise die Staatsanwaltschaft ganz frei von der Disziplinargewalt, was übrigens auch Werner S. 36 ff. thut.

[43]) Vgl. Z XIX 164.

[44]) In den „Kritischen Betrachtungen" v. Marcks, in denen die Auffassung der M.G.O. den besten juristischen Ausdruck gefunden hat, kommt so recht zum Bewußtsein, daß die Behörden der M.G.O. mit ihrer Stellung und ihren Aufgaben sich nicht mit denen unsrer St.P.O. ohne weiteres in Parallele bringen lassen. Recht deutlich z. B. zeigt sich das bei der Besprechung der Frage, warum die Organe des Gerichtsherrn zugleich bei Strafverfolgung und Rechtsprechung thätig werden können. Nr. 7, S. 50 ff. — Auch bei Rehm a. O. S. 422 ff. finde ich eine Bestätigung meiner Anschauung.

M.G.O. entlehnt sind, glauben ja viele, hier hätten wir einen reformierten Prozeß. Aber diese Garantieen verlieren ihre wesentliche Bedeutung, wenn sie mit einem ihnen innerlich fremden Grundsatz verbunden sind.

Der Fortbildung unsers Prozesses wird das Studium der M.G.O. sehr viel nützen, denn Wesen und Bedeutung der prozessualen Grundsätze und ihrer Zusammengehörigkeit kommen uns hier scharf zum Bewußtsein. —

Daß das Wesen des Anklagegrundsatzes noch sehr wenig übereinstimmend dargelegt wird, zeigt ein Blick in unsre heutigen Lehrbücher. Ich finde dasselbe darin, daß die Strafverfolgung sachlich und formell einem vom Gericht ganz unabhängigen, selbstverantwortlichen Organ übertragen ist, daß die Verteidigung ebenfalls der Verantwortung des Beschuldigten überlassen ist, daß die Rechtsprechung die einzige Aufgabe des Gerichts ist, daß danach keine Zwangsmittel dem Strafverfolger zustehen, daß aber die Parteien allein über den Umfang des Urteilsgebietes herrschen. Wegen der reinlichen Scheidung der Aufgaben, der leichten Möglichkeit, alle verlangten Garantieen zu verwirklichen, der kräftigen Entfaltung aller Energieen halte ich diesen Prozeß für den besten. Seine Form mag dabei wechseln. Unsre bürgerliche St.P.O. kommt ihm wenigstens nahe. Beim Untersuchungsgrundsatz aber herrscht das Gericht über die Verfolgung; daher kann die Verteidigung dem Gericht gegenüber nicht klar und genügend entwickelt sein; feste Formen sind schwer einzuhalten; die Selbständigkeit der Gerichte leidet unwillkürlich not. Unter gewöhnlichen Verhältnissen mag das System vortrefflich arbeiten. Es ist aber einer Weiterentwickelung entsprechend der Entwickelung des Strafrechts nicht zugänglich und leicht der Auflösung der festen Formen ausgesetzt.

Dieser Grundsatz ist der der M.G.O. Man glaubt freilich, daß der Gerichtsherr als selbständiger Strafverfolger dem Gericht als dem selbständigen Organ der Rechtsprechung gegenüber trete, — aber das ist durchaus irrig: Verfolgung und Rechtsprechung sind nicht getrennt; der Gerichtsherr (selbst wenn er diesen Namen nicht trüge) hat einen Einfluß auf diese; die Gerichte beeinflussen die Strafverfolgung; beide Organe sind so eng mit einander verbunden, daß auch der Gerichtsherr nach außen hin unter der Bezeichnung „Gericht" auftritt E.G. § 9; und namentlich ist der Gerichtsherr, der wesentlich die Verfolgung beherrscht, mit Richterrechten den erkennenden Gerichten gegenüber so weitgehend versehen, daß von einer auch nur äußerlichen, formellen Trennung der Aufgaben oder „Funktionen" nicht mehr gesprochen werden kann. Daher werden auch alle die Fragen der Gerichtsbarkeit, die sonst bei den Gerichten behandelt werden, in der M.G.O. bei dem Kapitel vom Gerichtsherrn behandelt; die Beweismittel und Zwangsmittel finden im System da ihren Platz, wo die Erhebungen des Gerichtsherrn besprochen werden; dem Gerichtsherrn sind die Juristen beigegeben, die als Richter zu fungiren haben, §§ 13, 93 ff. Der „Gerichtsherr" ist daher auch — entgegen dem Staatsanwalt der bürgerl. St.P.O. — in seinen Handlungen unabhängig vom „Gericht" gestellt: Der Staatsanwalt konnte wohl nach der herrschenden Anschauung in der Anklage dem Gerichtszwang unterworfen werden, — denn es soll ja das Gericht über das Strafrecht des Staates bestimmen, wie die herrschende Anschauung auch heute noch verlangt — aber für den Gerichtsherrn ist diese Unterordnung unnötig, denn er ist ja Richter; wenn der Reichstag zur Wahrung der Legalität ihm dennoch nach §§ 247—249 M.G.O. das Reichsmilitärgericht vorgesetzt hat, so ist das ein von der Regierung folgerichtig abgewiesener Einbruch in das System, der nur dadurch gemildert wird, daß allein das Reichsmilitärgericht, d. h. die oberste Instanz, als vorgesetztes Organ erscheint. Nach der Auffassung der M.G.O. endlich ist ein unabhängiger Untersuchungsrichter neben dem Gerichtsherrn völlig überflüssig und mit Recht wurde daher der auf seine Einführung zielende Antrag in der Kommission und im Plenum abgelehnt.[45]) Ein solcher unter Hinweis auf Bayern oft wiederholter Vorschlag würde wohl in der unabhängigeren Stellung der Rechtsfindung und in der Möglichkeit der Ausbildung der Verteidigung einen Fortschritt bedeuten; aber in das System der M.G.O. würde er nicht passen, da er den Gerichtsherrn zum Staatsanwalt unserer bürgerlichen St.P.O. herabdrücken würde.[46])

Alles das ist ja auch offenbar der Ansicht der Militärgewalt entsprechend, die nur dem Disziplinarvorgesetzten die Herrschaft über das Strafrecht zu geben gewillt ist; mit ihr würde, wie ich oben darlegte, eine der modernen herrschenden Anschauung über Anklageverfahren entsprechende Einrichtung unverträglich sein.

---

[45]) Kommission ad § 9. — Drucks. 183, Anl. Bd. III, 1749.

[46]) v. Marck, Kritische Betrachtungen, S. 30 f., 41 f.

Man könnte aus der Bildung einer selbständigen Militäranwaltschaft ein Argument dafür herleiten, daß die Verfolgung auch in ihren Organen ganz getrennt von der Rechtsprechung ist. Diese Behörde hat allerdings beim Reichsmilitärgericht die Aufgaben, die sonst der Staatsanwaltschaft zufallen; aber alle diese hat ja in den Unterinstanzen der Gerichtsherr mit seinem Beistand; die Militäranwaltschaft ist nichts anders als die Vertreterin der Gerichtsherren gegenüber dem Reichsmilitärgericht, das einen eigenen Gerichtsherrn nicht hat. Wenn ihr auch keine gerichtsherrlichen Rechte selbst zustehen, so hat sie doch auch anderseits mit der selbständigen Strafverfolgung nichts gemein. Zudem ist sie nach § 105 formell und sachlich dem Präsidenten des Reichs-Militär-Gerichts unterstellt. Ihr Vorhandensein ist also nichts, was für den Anklagegrundsatz spricht.[47])

Wir werden die Einzelheiten dieser Anschauung bei den einzelnen Punkten näher kennen lernen. —

Endlich ist noch ein Punkt hier zu erwähnen; beim Anklagegrundsatz muß der Prozeß so angeordnet sein, daß das Stadium, in welchem das Gericht seine Stoffsammlung und urteilende Thätigkeit in und nach kontradiktorischer Verhandlung vornimmt, auch sachlich im Mittelpunkt und Vordergrund steht: die Vorbereitung durch die Verfolgung und durch den Voruntersuchungsrichter, in der eine zweiseitige Parteithätigkeit weniger ausgesprochen ist, müssen zurücktreten. Daher muß auch die Vorbereitung der Hauptverhandlung, die sachlich das Urteil beeinflussen kann, von dem Gericht der Hauptverhandlung beherrscht werden. In der M.G.O. aber tritt dies Verhältnis gerade nicht hervor! Allerdings sagt § 168, das Ermittelungsverfahren solle nur die Anklage vorbereiten, und § 195 verschiebt die Zeugenvereidigung für die Regel auf die Hauptverhandlung. Aber schon die Abhängigkeit der Ermittlungen vom Gerichtsherrn, der dann wieder durch die Anklageverfügung, die er auf seine Vorerhebungen stützt, und durch seine Stellung zu den Richtern auch als Herr des erkennenden Gerichts sachlich und formell erscheint; seine Herrschaft über die Zwangsmittel, durch die er in die sachliche Behandlung übergreift, seine Bestimmung über die Beweismittel vor der Hauptverhandlung (§§ 265, 269), — das völlige Zurücktreten des erkennenden Ge-

[47]) Siehe Begründung zu § 67—70 des Entwurfs.

richts bis zur Hauptverhandlung, die Einschiebung der Regeln von den Beweismitteln in das Ermittelungsverfahren — zeigen, wie sehr systematisch der Untersuchungsstandpunkt überwiegt. Es fehlt im § 192 die Bestimmung der St.P.O. § 58 Abs. 2 (s. Begründung zu § 184 Entw.!); ebenso stellt § 201 die Ermittelung des Vorverfahrens dem Hauptverfahren ganz gleich (Begründung zu § 193 Entw.). Dazu kommt für die praktische Ausübung die Erfahrung unserer bürgerlichen Gerichte, daß die Voruntersuchungen ganz natürlich über das Ziel des § 168 M.G.O., § 188 St.P.O. hinaus ausgedehnt werden, was bei den heute noch mehr an das Untersuchungsverfahren gewöhnten Militärverhältnissen sich unwillkürlich noch stärker ausprägen wird. Endlich hatte der Entwurf durch die Bestimmung, daß das Gericht über den Umfang der Beweisaufnahme bestimme (§ 286 Entw.) noch deutlicher gesagt, wie sehr das Gericht von den Ermittelungen abhängig sein solle.

III. Bei Betrachtung des Gesetzes im einzelnen

taucht A 1. sofort die staatsrechtliche Frage auf, ob seine Publikation zu recht besteht? Ein von den zwei gesetzgebenden Körperschaften angenommenes Gesetz muß der Kaiser vollziehen. Aber wann? Genügt es überhaupt oder, wie anderseits angenommen wird, in derselben Legislaturperiode?

Da das Gesetz nun thatsächlich vollzogen ist, so wird diese staatsrechtliche Frage wohl der Praxis keine Schwierigkeiten bereiten.

2. Der Name des Gesetzes: es ist darin eine stark konservative Anschauung zu sehen, die keine Berechtigung hat. Das Gesetz ist nicht bloß das, was sein Name andeutet, es ordnet nicht bloß die Gerichtsverhältnisse, sondern, und zwar als Hauptsache, das Verfahren. „Militärstrafprozeßordnung" wäre ebenso lang, aber keineswegs schlechter gewesen.

3. In der Form beobachten wir die Übereinstimmung mit den Ausdrücken unserer anderen Gesetze, Klarheit der Sprache, aber leider hier und da Wiederholungen, wie z. B. zwischen §§ 18 und 261, die hätten vermieden werden können. Daß durch die Veränderungen des Entwurfs im Reichstag einige Ungenauigkeiten entstanden sind, werden wir später noch sehen. Ein entschiedener Vorzug des Gesetzes vor den alten M.G.OO. ist seine Selbständig-

keit; ganz irrig ist die Anschauung Gröbers (I. Beratung, 16. Dezbr. 1897), dadurch möchte die G.O. isoliert werden. Die alten M.G.OO. sind auch heute und schon seit langem isoliert, sie enthalten aber wegen ihrer Verweisungen auf andere Gesetze große Unklarheiten. Nur eine höchst bedenkliche Verweisung hat der Reichstag dem Gesetz geschenkt: die des § 465 wegen der Entschädigung der im Wiederaufnahmeverfahren Freigesprochenen, worüber später das nähere zu erörtern ist. Außerdem enthält das E.G. § 16 eine Verweisung, die unnötig ist.

Sachlich stimmen Gesetz und Entwurf in dem systematischen Aufbau wie in den Einzelheiten so ziemlich überein: aus den 450 Paragraphen des Entwurfs sind 471 des Gesetzes geworden; der Vergleich ist daher leicht. Die größeren wesentlichen Abweichungen sind folgende: Einfügung der §§ 2, 3, 4 in Einschränkung des Umfangs der M.-Gerichtsbarkeit und Änderung des § 11 (§ 8 Entw.); — Einfügung der §§ 51, 52, 53 bezüglich der Besetzung der Kriegsgerichte, besonders in schwereren Fällen, ebenso des Absatz 2 § 84 beim Reichs-Militär-Gericht; — Erleichterung der Richterablehnung, § 125 gegen § 119 Entw.; — Erweiterung der Vernehmung des Beschuldigten, § 173 (165 Entw.); Gewährung der Rechtsbeschwerde gegen den Haftbefehl, § 175 (167 Entw.); — Augenschein, § 222 gegen § 214 Entw.; — Garantie bei Durchsuchungen, durch Einfügung der §§ 235—237; — Einfügung des Antrags auf gerichtliche Entscheidung gegenüber der Einstellung, §§ 247—249; — Bindung der Anklage an die Mitwirkung des Justizbeistandes, §§ 245, 253 (gegen 234, 240 Entw.); — Erweiterung des Rechts des Angeklagten auf Beweismittel anzutragen, § 269 gegen § 257 Entw.; — Bestimmung des Umfangs der Beweisaufnahme, §§ 299, 300 (286, 287 Entw.); — Bestimmung einer $^2/_3$-Mehrheit bei Schuldigsprechung, § 323 gegen 309 Entw.; — Erleichterung der Zulassung von Verteidigern, §§ 337 (322 Entw.), 341 (326 Entw.), 345 (330 Entw.), 357 (342 Entw.); — Verfahren beim Ausbleiben des Angeklagten in der Berufungs-Instanz, § 389 gegen 373 Abs. 2 Entw.; — Wegfall der Frivolitätsstrafe, § 396 gegen 380 Entw.; — Einfügung des Aufschubs der Strafvollstreckung, § 456, und Einfügung der Entschädigung der im Wiederaufnahmeverfahren Freigesprochenen, §§ 465—468.

Das Gesetz enthält zwei „Teile“: „Gerichtsverfassung“ und „Verfahren“. Über die Anordnung der einzelnen Abschnitte will ich nicht streiten: daß manche Verbesserungen gegenüber der Strafprozeßordnung durch die Zusammenfassung von Gerichtsverfassung und Verfahren ermöglicht wurden, ist nicht zu verkennen; sonst aber kann ich nicht finden, daß die Gesetzgebungskunst Fortschritte gemacht hätte. Wenn das Gesetz zugleich Lehrbuch für die Nichtjuristen sein soll, so möchte es dadurch nicht gewonnen haben, zugleich aber diese zweite Aufgabe schlecht erfüllen. — Im ersten Teil ist 1. der Umfang der M.Str.-Gerichtsbarkeit, 2. Ausübung derselben, 3. M.-Justizverwaltung behandelt (§§ 1—114). Die Überschrift des zweiten Titels ist unklar; seine allgemeinen Bestimmungen sind recht wenig-sagend; beim Gerichtsherrn ist nebenbei die Zuständigkeit geregelt; bei den erkennenden Gerichten ist die Anordnung der Paragraphen eine sehr ungleichmäßige. — Der zweite Teil, §§ 115—471, enthält neun Titel: 1. Allgemeine Bestimmungen (Gerichtssprache, Ausschließung und Ablehnung der Gerichtspersonen, Entscheidungen, Fristen). Hierher möchte man wohl richtiger die Regel über Beratung und Abstimmung stellen; da sie nur für die Hauptverhandlung gelten kann, steht sie dort beim Urteil, §§ 320—325. 2. Verfahren in erster Instanz in acht Abschnitten; der zweite behandelt ganz verkehrt die „Einzelnen Untersuchungsmaßregeln" mitten im Ermittelungsverfahren; bei ihnen stehen wieder die Zwangsmaßregeln und die Frage der Leichenschau, §§ 154f., 223ff., sehr unübersichtlich. Bei der Hauptverhandlung stehen die Regeln über die Öffentlichkeit und Sitzungspolizei. Hinter ihr, vor der Strafverfügung steht die Verteidigung! 3. Ordentliche Rechtsmittel[48]). 4., 5. Bestätigung. 6. Wiederaufnahme — also getrennt von den ordentlichen Rechtsmitteln! 7. Strafvollstreckung. 8. Entschädigung. 9. Kosten.

Somit ist die Anordnung vielfach abweichend von jener der bürgerlichen Strafprozeßordnung[49]).

4. Die Grundfrage, ob ein eigenes Militär-Gerichtsverfahren nötig, habe ich schon oben bejaht. Diese staatsrecht-

---

[48]) Wo ist der Gegensatz zu den „ordentlichen Rechtsmitteln"? — In der Bestätigung der Urteile der Feld- und Bordgerichte? Begründung zu §§ 403—419 Entw. Vgl. v. Marck, Kritische Betrachtungen, S. 74.

[49]) Taschen-Ausgaben des Gesetzes bis jetzt besonders bei Heymann von Seidenspinner, bei Schwann, Düsseldorf, von Brogsitter, bei Berger, Leipzig von Sturm und Walde, bei Beck, München, von Weigel; die letzte die beste.

liche Frage ist als solche prozeßrechtlich ohne Interesse. Es ist sehr wohl möglich, daß der Soldat als solcher einen besondern Gerichtsstand hat. Das schadet der Rechtspflege gar nichts, so wenig wie die Vielheit der gemeinen gleichgestellten Gerichte ihr schadet. Nur müssen überall die gleichen Rechtsgarantieen vorhanden sein! Die Gefahr einer völligen Absonderung des Soldaten vom übrigen Rechtsleben, die stets gefürchtet wird, ist dann m. E. nicht vorhanden, insbesondere, wenn man eben bedenkt, daß die Rechtsprechung auch im Militär-Kreis nicht eine Ausübung militärischer Befehlsgewalt ist, und wenn dementsprechend die sehr wohl mögliche wissenschaftliche und persönliche Zusammengehörigkeit der Rechtsprechung angestrebt wird und die militärische Rechtsprechung vor die wissenschaftliche und die Volksöffentlichkeit tritt.

Unter diesen Umständen scheue ich mich auch nicht, die sogenannten gemeinen Delikte der Militär-Gerichtsbarkeit zu unterwerfen[50]). Mir scheinen die zwei praktischen Gesichtspunkte ausschlaggebend: einmal, daß sonst die Militär-Gerichte ein wissenschaftlich recht kümmerliches Dasein führen und für den Kriegsfall, wo sie doch unbedingt auch die gemeinen Delikte aburteilen müssen, einfach Bankerott erklären würden,

und sodann, daß eine Teilung der Zuständigkeit praktisch große Schwierigkeiten machte und dem Soldaten unverständlich wäre.

Es ist auch in hohem Grade bedenklich, politischen Gesichtspunkten bei der Einteilung zu folgen und etwa aus politischen Gründen ein Mißtrauen gegen das eine oder andere Gericht auszuspielen (wie etwa Kommission ad § 3).

Irrig freilich ist die militärische Anschauung, daß bei bürgerlichen Gerichten die Strafsachen zu langsam erledigt würden.

Dann natürlich muß ein in sich geschlossenes Gesetz verlangt werden, — das ist im großen das neue auch! — ein Gesetz, nicht eine Verordnung[51])

5. Bei der Frage nach dem Umfang der Militär-Gerichtsbarkeit muß der Gesichtspunkt maßgebend sein, daß die dem Heere Angehörigen, so lange sie im aktiven Dienste stehen, um der Disziplin willen einen einheitlichen, besondern Gerichtsstand haben.

---

[50]) Vgl. Begründung B. I. Bassermann, I. Beratung, 13. Sitzung 17. Dezbr. 1897. Kommissionsbericht ad § 1.

[51]) v. Marck, Militär-Straf-Prozeß I, § 48.

Praktische Abschwächungen und Erweiterungen sind dabei zuzugeben. Das Gesetz neigt den letztern stark zu[52]) [53]).

Die Abgrenzung der Zuständigkeit gegenüber der zivilen ist in der M.G.O. dahin getroffen, daß die Militär-Gerichte eine möglichst weite Gerichtsbarkeit üben, weiter als das bisher in irgend einem Gesetz der Fall war. Der Entwurf ging bezüglich der sachlichen Zuständigkeit noch weiter, aber durch die Kommission wurden hier erhebliche Änderungen vorgenommen, so daß im allgemeinen der jetzige Zustand bestehen bleibt.

Bei der persönlichen Zuständigkeit können wir unterscheiden:

a) im Frieden 1. den vollen Militär-Gerichtsstand bezüglich aller Delikte, § 1[54]). Hier wurde die wohl nicht zu beanstandende Ziff. 2 viel bekämpft. Ziff. 5 ist aber wohl kaum notwendig. Zu beachten ist hier, daß jetzt die Militär-Beamten nur in dieser Kategorie aufgeführt und auch sonst nach den allgemeinen Bestimmungen des Gesetzes behandelt werden, während früher für sie fast stets besondere Regelungen getroffen waren;

2. den beschränkten Gerichtsstand bezüglich gewisser Delikte § 5, wo die Ziff. 2 heftigen Kampf hervorrief und wohl auch nicht voll berechtigt ist;

b) im Krieg § 1 Ziff. 8 [abgesehen vom M.St.G. § 166 Abs. 1], § 5 Ziff. 4[55]) (außerordentlicher Gerichtsstand).

Sachlich hatte der Entwurf den Militär-Gerichten die Personen des vollen Militär-Gerichtsstands wegen aller Delikte unterworfen. Ausnahmen gab es nicht. Auch die sogenannten gemischten Kommissionen des alten preußischen Verfahrens waren verschwunden. Das war die volle Konsequenz des militärischen Grundsatzes. Aber

---

[52]) v. Marck, Kritische Betrachtungen Nr. 1, S. 1, eingehend, dem Entwurf im allgemeinen zustimmend.

[53]) II. Beratung, 61. und 62. Sitzung, 15. und 16. März 1898. Dazu Anträge, Drucks. 179, 180, 183, 184. (Anl. Bd. III, S. 1733, 1735, 1749 f.) III. Beratung, 83. Sitzung, 4. Mai 1898, und Antrag Arenberg, Drucks. 277 (Anlage Bd. III, S. 2354).

[54]) In der III. Beratung, 4. Mai 1898, kam zu Ziffer 1 die Frage, wie lange bei Kontrolversammlungen der Militärgerichtsstand dauert, zur Sprache. Es bleibt hier bei der bisher vertretenen Auffassung. Siehe Weigel, zu § 1 V f.

[55]) Auch Frauen können demnach unter M.-Gerichtsbarkeit stehen, freilich nur im Felde oder im Kriege. Daher ist die Bestimmung des § 452 wegen der „schwangeren Personen" berechtigt, so sehr sie beim ersten Lesen überraschen muß.

der Reichstag hat das wenigstens in etwas in den §§ 2—4 des Gesetzes gemildert. § 2 ist wegen der Polizei-, Finanz- 2c. Übertretungen auch vollkommen berechtigt, denn bei solchen Delikten sind Erwägungen zu machen, die den militärischen Behörden nicht möglich sind. Zu beachten ist, daß nach diesem Paragraph auch zweifellos die bürgerlichen Gerichte zuständig werden, wenn gerichtliche Entscheidung beantragt wird.

§ 4 ist durchaus berechtigt. Er gibt zu interessanten Beziehungen und Fragen Anlaß. Häufige Anwendung wird er aber wohl kaum finden.

Zeitlich ist die Militärgerichtsbarkeit im Entwurf und Gesetz sehr weit ausgedehnt, indem sowohl die vor dem Diensteintritt begangenen Handlungen der Militärpersonen der Militärgerichtsbarkeit unterworfen worden sind (§ 3 Entw. § 6 G. — Ausnahmen §§ 7—9), als auch die Militärgerichtsbarkeit über die Entlassung hinaus fortdauert, E. § 7/8, G. § 10/11; während die erste Bestimmung wegen der einheitlichen Disziplin und Gerichtsbarkeit sehr berechtigt ist, ist dem gegenüber die zweite durchaus unberechtigt, denn nach der Entlassung fallen die disziplinären Rücksichten, d. h. die nach allgemeiner Anschauung für den Militärgerichtsstand überhaupt maßgebenden, weg. Bestünden sie noch, dann wäre der Absatz 2 des § 10 des Gesetzes folgewidrig[56]).

Die zu der ersten Bestimmung in den §§ 7—9 gegebenen Einschränkungen sind berechtigt, besonders auch die Zusätze des Reichstags zu § 7 Z. 2. Zu § 9 führt die Begründung des Entwurfs an, daß danach gem. Reichsgesetz 26. 3. 93 (ad § 69 R.St.G.B.) die Verjährung und Untersuchung ruhe. Das ist falsch, denn § 9 macht die Strafverfolgung in keiner Weise unzulässig. Der vom Reichstag eingefügte Abs. 2 des § 9 ist redaktionell verunglückt: er gehört systematisch zum § 10, mit dessen Abs. 2 er sich dem Wortlaut nach zum Teil deckt. Freilich will (nach der Kommissionsberatung) der Satz sagen, daß die Überlieferung an die zivilen Behörden schon während der Dienstleistung erfolgen kann. Doch ist dieser Sinn in dem Wortlaut selbst nicht enthalten. Höchst bedenklich aber ist § 11 trotz der Abschwächung, die er im Reichstag glücklicherweise erfahren hat. Der § 8 des Entwurfs war geradezu unbegreiflich. Hier haben wir es mit der Anschauung zu thun, daß bürgerliche

[56]) Über diese §§ besonders II. Beratung, 62. Sitzung, 16. März 1898.

Gerichte die militärischen Interessen überhaupt nicht verstehen und wahren könnten. Die Stelle in der Entwurfsbegründung „um die Berücksichtigung der schwer gefährdeten militärdienstlichen Interessen zu sichern" deutet darauf, daß der Strafprozeß einem andern als dem Zweck des einfachen Rechtsprechens dienen könne, und ist daher sehr wenig zu loben[57]).

Bei diesen Kompetenzabgrenzungen und der gewiß häufig auftretenden Schwierigkeit ihrer Beurteilung ist die Bestimmung über die Beilegung des Konfliktes in § 14 des E.G. (dazu § 328 M.G.O.) sehr nötig, aber kaum ausreichend für die Fälle des positiven Konfliktes, in denen bis zum Urteil noch sehr wohl peinliche Verwicklungen entstehen können. Die im Abs. 1 des § 14 E.G. zum Ausdruck gelangte Gleichstellung der zwei Gerichtsbarkeiten darf wohl als grundlegend betrachtet werden.

Auch bei dem Beginn der Geltung der M.G.O. überhaupt können Fragen des Zusammentreffens der beiden Gerichtsbarkeiten auftauchen. Hierfür gibt § 23 E.G. eine wohl ausreichende Bestimmung. Die Übergangsbestimmungen des § 24 E.G. für das Verhalten des neuen Gesetzes zu der alten M.G.O. schließen sich völlig an diejenigen des E.G. zur St.P.O. an, so daß für sie kritisch dasselbe wie für jene früheren gilt.

B. Die Prozeßsubjekte.

I. Nach der M.G.O. steht die Gerichtsbarkeit den „Gerichtsherren" und den „erkennenden Gerichten" zu. § 12. Schon dies drückt aus, daß eine von der Rechtsprechung getrennte Verfolgung nicht besteht. Es wird also ein Begriff der „Gerichtsbarkeit" hier neu belebt, den wir in unsrer Wissenschaft lange abgethan glaubten, der alle möglichen Thätigkeiten in sich schließt und eine sichere Möglichkeit begrifflicher Scheidung derselben nicht bietet. Wenn man die Darlegung des Begriffs bei einem seiner berufensten Interpreten, v. Marck (Kritische Betrachtungen, Nr. 2, S. 9) liest, wo er natürlich als berechtigt verteidigt wird, so glaubt man eine vor 50 Jahren erschienene Arbeit vor sich zu haben. Unsre Wissen-

---

[57]) § 8 des Entwurfs hat im Reichstag sehr lebhafte Debatten hervorgerufen: besonders II. Beratung, 16. März 1898; III. Beratung 4. Mai 1898. — Das Citat Weigels, Note 4 zu § 11 aus den Reichstagsberichten wird wohl wenig praktische Autorität haben.

schaft wird an diesem Rückschlag lange laborieren! — Sehen wir zu, welche Aufgaben diesen zwei Organen zufallen, so finden wir: a. Einleitung der Verfolgung und Herrschaft über dieselbe, — b. Untersuchung des Falles vorbereitend, — und c., endgiltig zum Zweck des Urteils, d. Entscheiden, — e. Handhabung der Zwangsmittel. Alle diese Funktionen stehen aber beiden Organen zu; von keiner ist der Gerichtsherr ausgeschlossen, selbst nicht von der Entscheidung. (§§ 156, 157, 245, 272, 349, 175, 238.) Umgekehrt greifen auch die erkennenden Gerichte in die Verfolgung ein (§§ 97 Abs. 3, 247—249; auch § 330); die Herrschaft über Zwangsmaßregeln ist ihnen nirgendwo eingeräumt. Bei diesem engen Verhältnis, in dem der Gerichtsherr überall die erste Rolle spielt, können die Verhältnisse der Zuständigkeit, Instanzverteilung usw. für beide gemeinsam geregelt sein, und zwar naturgemäß da, wo vom Gerichtsherrn geredet wird.

1. Gerichtsherren[58]) sind militärische Kommandoberechtigte (Disziplinarvorgesetzte), die über die Strafverfolgung verfügen und die erkennenden Gerichte anordnen. Das Gesetz nennt zwar in den § 19—22 die hauptsächlichen hierher gehörenden Befehlshaber; aber nach § 37 kann dies Verhältnis geändert, können besonders neue Gerichtsbehörden geschaffen werden ohne Gesetz; das erscheint mir bedenklich und nicht einwandsfrei, wenn auch Rücksichten der Heeresorganisation diese Bestimmung nötig erscheinen lassen. — Da man von der Anschauung ausgeht, daß die Militärstrafgewalt mit der Disziplinargewalt übereinstimme, so können natürlich nur Disziplinarberechtigte eine Gerichtsbarkeit haben. Wenn diese Anschauung auch — wie ich schon oben darlegte, — irrig ist, so ist die Verbindung doch eine durchaus zweckmäßige[59]). — Nach der militärischen Anschauung müssen also Offiziere, d. h. Nichtjuristen, über die Strafgewalt bestimmen; der Instanzenzug bei diesen Organen kann nur ein militärischer sein. Wenn das der Entwurf auch folgerichtig so geregelt hatte, das Gesetz hat das System durchbrochen in den §§ 97, Abs. 3 und 247—249. Wenn der Gesetz-

---

[58]) v. Marck. St.P. II, §§ 107—119. Kritische Betrachtungen Nr. 5, S. 26 ff.

[59]) Werner, a. O., der — wie auch andre — hiervon abweicht, gibt natürlich dem Befehlshaber auch eine ganz andre, m. E. unpraktische Stellung. S. 40 ff.

geber dies für nötig erachtete, verleugnete er seinen eignen Grundgedanken.

Die Gerichtsherren können natürlich nicht unabhängig sein, was für die Verfolgung durchaus berechtigt ist, für die Rechtsprechung aber, auf die sie doch auch Einfluß haben, bedenklich erscheint. Sie bilden eine strenge Hierarchie; die im Gesetz gegebene Zweiteilung in niedere und höhere Gerichtsbarkeit (§§ 13, 19, 20) gibt aber keine genügende Gliederung ab: wir haben mehr Instanzen und zwar mindestens drei entsprechend der Gliederung der Stand-, Kriegs- und Ober-Kriegsgerichte (siehe § 31). Nun umfaßt zwar die höhere Gerichtsbarkeit des § 13 gemäß § 17 auch die niedere (daher § 32, § 329), aber eine volle Herrschaft der Gerichtsherren untereinander soll das nicht begründen; vielmehr schränkt § 24 diese ein und gestattet namentlich nicht, daß der höhere Gerichtsherr die von einem niederen eingeleitete Untersuchung selbst einstelle, was man aus § 17 wohl herleiten könnte. Also besteht hier — wohl zum Schutz der Legalität — eine gewisse Selbständigkeit der Gerichtsherren.

Im System der Gerichtsbarkeit bilden die Gerichtsherren den Mittelpunkt; an ihre Stellung schließen sich die erkennenden Gerichte an, die formell von ihnen abhängen (§§ 261, 264); nur das Reichs-M.G. macht hier eine Ausnahme. — Daher sind die Gerichtsherren den Gerichten zum Teil übergeordnet oder mindestens gleichgeordnet, — zum Teil sind sie ihnen aber wieder untergeordnet: ihre Anklage ist auch für das Gericht bindend (§ 260); sie können diese sogar unter Umständen ändern und zurücknehmen (§ 272); sie bestimmen über die Zwangsmittel; nicht einmal ihre Zuständigkeit darf das Gericht nach § 329 prüfen, da das „dem Ansehen des Gerichtsherrn widerstreite" (Begr. zu § 314 Entw.); — andererseits stehen die §§ 97 Abs. 3 und 247—249. Sehr unsystematisch ist besonders der § 97 Abs. 3, indem er entgegen dem Entwurf § 91 die Oberkriegsgerichte den Gerichtsherren vorgesetzt hat; verbessert hat er praktisch den Entwurf, indem er dann doch auch die Entscheidung des Gerichts für bindend erklärt, während sie nach dem Entwurf einfach in der Luft schweben blieb[60].

Allerdings sollen die erkennenden Gerichte als solche auch vom Gerichtsherrn unabhängig sein (§ 18); und thatsächlich sind sie auch

---

[60]) Vgl. Kommission ad § 91.

dementsprechend gestellt; aber in ihrer ganzen Anschauung sind sie schon durch die dem Verfahren den Weg weisenden Anordnungen des Gerichtsherrn gebunden; sie sind viel beschränkter als die Gerichte der bürgerlichen St.P.O.

Den Gerichtsherren sind die Juristen beigegeben, die bei den Gerichten thätig werden: § 13. Diese sind Kriegsgerichtsräte bei denjenigen Gerichtsherren der höheren Gerichtsbarkeit, von denen Kriegsgerichte abhängen, — Oberkriegsgerichtsräte bei den Gerichtsherren der Oberkriegsgerichte (§§ 31, 65). Sehr klar drückt das Gesetz dies Verhältnis nicht aus[61]).

Im einzelnen haben die Gerichtsherren wesentlich folgende Aufgaben und Rechte:

Sie bestimmen über die Einleitung der Verfolgung und ordnen das Ermittelungsverfahren an (§§ 156, 169), welches sie überwachen (§ 167) und in das sie auch sachlich eingreifen können nach § 244 und besonders nach § 97. Sie bestimmen über die Anklage, § 245, § 253; (jedoch §§ 247—249!), die nun zwar bindend ist, § 260, besonders nie vom erkennenden Gericht selbst beherrscht wird, aber immer noch in der Hand des Gerichtsherrn bleibt § 272.

Sie haben über die Zwangsmittel zu bestimmen: Die Vorführung § 172, Dienstenthebung und Untersuchungshaft § 174, 175 ff., 277, Durchsuchung §§ 237, Abs. 4, 238.

Sie ordnen das Gericht an, §§ 18, 261 ff., wobei sie sogar nach § 262 unter Umständen einen wichtigen Einfluß auf die Bildung des Gerichts haben. Sie bestimmen außerhalb der Hauptverhandlung über die Ablehnung der Richter, § 130, — stellen überhaupt das Gericht außerhalb der Hauptverhandlung dar, und zwar sowohl in der rein verwaltenden Thätigkeit (Zustellungen § 138), als auch in der entscheidenden, entbinden vom Erscheinen, § 280, bestimmen den Verteidiger § 336, besorgen die Ladungen § 265, verbescheiden die Anträge des Angeklagten außerhalb der Hauptverhandlung § 269. Ihr Gerichtsoffizier oder Kriegsgerichtsrat vertritt die Anklage vor Gericht, § 273 (eigentlich ist das nirgendwo klar ausgedrückt). Sie können außer der Beschwerde alle Rechtsmittel wie der bürgerliche Staatsanwalt einlegen § 365, 367, 441. (Für die Wiederaufnahme finde ich übrigens diese Bestimmung nicht.) Sie nehmen aber auch eigentümlicherweise die

---

[61]) Die Zahl der beigegebenen Juristen: Vgl. Begründung zu §§ 87—96 Entw.

Rechtsmittel des Beschuldigten entgegen: §§ 369, 442. Dadurch zeigt sich so recht klar ihre Doppelstellung.

Sie haben eine selbständige Entscheidungsgewalt in der Strafverfügung. §§ 349 ff., aber gegenüber der Entscheidung des Gerichts ist ihnen nur die Aufgabe geblieben, die Ausfertigung zu unterzeichnen[62]). Allerdings ist im Gesetz noch nicht gesagt, daß der Gerichtsherr die „Bestätigungsorder" erteilen soll, §§ 416, 418, aber offenbar soll das nur einem Befehlshaber übertragen werden, Begründung S. 171, was schon daraus hervorgeht, daß sie bei Strafverfügungen des Gerichtsherrn unnötig ist, § 417. (Über ihre Natur siehe unten!)

Ihnen liegt endlich die Vollstreckung ob, § 451, wobei sie auch Geldstrafen in Freiheitsstrafen umwandeln, § 463, also ein wahres Richterrecht ausüben. Und endlich vermitteln sie als Verwaltungsbehörde die Anträge auf Entschädigung Freigesprochener, § 468.

Wenn ihnen demgegenüber versagt ist, an den Verhandlungen „teilzunehmen", so ist das für die Hauptverhandlung vollkommen berechtigt, § 273, für die Untersuchung eine mir nicht verständliche Einrichtung § 167: Dort soll sie die Unabhängigkeit der Rechtsprecher besser sichern, hier aber ist davon garnicht die Rede, und die Bestimmung verhindert nur die Möglichkeit klarer unmittelbarer Anschauung. Von einer Notwendigkeit, die Selbständigkeit des Untersuchungsführers zu wahren, von der die Begründung zu § 160 Entw. spricht, kann doch wahrhaftig nach der Anlage des Verfahrens nicht gesprochen werden.

Für den Gerichtsherrn gilt Legalität, §§ 156, 247—249, 260, 272, — und Objektivität, § 159, § 367. Beides paßt systematisch zweifellos besser zu der Anschauung, daß er Richter ist, als daß er dem Staatsanwalt gleich stehe, bei dem ich auch diese beiden Grundsätze in der Art unsrer St.P.O. für bedenklich erachte.

Daraus wird wohl klar, daß der Gerichtsherr sich mit keiner Behörde des reformierten Strafprozesses vergleichen läßt[63]). Er stammt unmittelbar von dem „antiquierten" preußischen Gerichtsherrn ab und hat nur einige moderne Formen dem bürgerlichen

[62]) „Dergleichen macht bei uns Zivilpersonen der Gerichtsschreiber." Lerno und Munckel in der I. Beratung 17. Dezember 1897.

[63]) Auch die Darstellung von Rehm, Z 19, 422 ff., 431 ff., läßt nur die Eigentümlichkeit dieser Stellung recht hervortreten. Rehm sieht übrigens gleichfalls im Gerichtsherrn einen Richter. S. 423.

Strafprozeß entlehnt. — Wenn Ötker, „Gericht, Gerichtsherr, Verteidigung", demgegenüber dem Gerichtsherrn nur die Stellung des heutigen bürgerlichen Staatsanwalts geben, seine richterlichen Rechte aber auf das Gericht, beziehungsweise einen Anklagesenat übertragen will, so nimmt er dem Befehlshaber den nötigen Disziplinareinfluß: Ötkers Ausführungen zeigen deutlich, daß wir in unserm Strafprozeß den materiellen Einfluß des Strafverfolgers, seine Selbstverantwortlichkeit erhöhen müssen. Dann erst paßt seine Stellung auch für den militärischen Befehlshaber. Eben deswegen ist es auch zu verstehen, wenn das Militär sich so sehr dagegen sträubt, dem Befehlshaber die Gerichtsbarkeit zu nehmen. Vollkommen richtig charakterisiert dies v. Marck, Kritische Betrachtungen, S. 34 ff., indem er mit Recht darlegt, daß die Herrschaft über die Strafverfolgung mit der Kommandogewalt zusammengehen müsse, und die bayerische Einrichtung daher verfehlt sei.

v. Marcks Anschauung über die Stellung und Bedeutung des Gerichtsherrn kann ich sonst freilich nicht teilen. Er verteidigt die M.G.O. und stellt die Sache so dar, als ob der Gerichtsherr völlig getrennt von der Rechtsprechung, „kein Gericht" sei, S. 26.

Dem gegenüber verstehe ich nicht, wie sich dazu der Satz, S. 27, verhält: Der Kommandeur „repräsentiert doch aber immerhin die gesamte Veranstaltung, in welcher die Akte der Militärstrafrechtspflege sich vollziehen" Das erklärt sich eben nur, wenn man sich vergegenwärtigt, daß die M.G.O. ein reines Inquisitionsverfahren verwirklicht. Daher ist es auch nicht richtig, wenn v. Marck, S. 32, der Anschauung seiner Gegner, daß der Gerichtsherr ein „Mixtum compositum" sei, den Vorwurf macht, auch im bürgerlichen Verfahren seien nicht die formellen und minder bedeutenden Entscheidungen der Staatsanwaltschaft, die materiellen und bedeutenderen dem Richter übergeben, auch hier seien neben- und hintereinander Staatsanwalt, Amtsrichter, Untersuchungsrichter und das erkennende Gericht einmal völlig „Herr des Verfahrens", — und in der M.G.O. sei die „Aufteilung der Gewalten" doch viel einfacher. Die beiden Verhältnisse lassen sich garnicht derart äußerlich vergleichen; v. Marck steht auf dem Standpunkt des Untersuchungsverfahrens, — in dies paßt die moderne „Aufteilung der Gewalten" freilich nicht; Glaser in seinem Handbuch hat immer und immer wieder mit Recht betont, daß ein Untersuchungsverfahren mit Anklageform ein Unding sei. Wir aber stehen auf dem Standpunkt des Anklageprozesses, bei dem nicht bloß eine beliebige Funktionsteilung, wie v. Marck sich das vorstellt — (und wie sie freilich bedauerlicherweise auch unsre St.P.O. noch großenteils enthält) — zwischen den einzelnen Organen statthat.

2. Beistände und Gehilfen des Gerichtsherrn[64]) sind der „Gerichtsoffizier" bei der niedern Gerichtsbarkeit, ein oder mehrere „Kriegs- und Oberkriegsgerichtsräte" obei der höhern. § 13, §§ 93—102, — jener der unmittelbare Nachkomme des preußischen untersuchungsführenden Offiziers (Begründung zu §§ 93—96 Entw.), diese die Nachfolger der Auditeure. Der Gerichtsoffizier wird vom Gerichtsherrn bestellt — §§ 99—102, — die Gerichtsräte ernennt der Kontigentsherr, beziehungsweise der Kaiser, § 93. — Diese Beistände, die ja zweifellos praktisch durchaus notwendig sind, haben insofern eine eigentümliche Stellung, als sie halb abhängig halb selbständig sind, wobei die Gerichtsräte, denen richterliche Unabhängigkeit gewährt ist, § 94, naturgemäß viel freier stehen. Sie müssen den „Weisungen" des Gerichtsherrn (— der Entwurf § 91 sagte schärfer „Anordnungen" —) Folge leisten, selbst wenn sie Protest einlegen, §§ 97, 102, doch entscheidet im zweiten Fall das Oberkriegsgericht, allerdings wohl meist erst post festum[65]). In den Ermittelungen werden sie thatsächlich selbständig sein, können aber auch hierin vom Gerichtsherrn sehr stark beschränkt werden, so daß beiden Teilen das Gefühl eigner Verantwortung nicht genügend gewahrt ist: §§ 167, 244. — Wenn nach § 167 Abs. 3 dem Untersuchungsführer ein Offizier beigegeben werden kann, so hat das mit einer Einschränkung der Selbständigkeit nichts zu thun, sondern dient nach der Begründung und Kommissionsberatung zu § 160 Entw. lediglich der Disziplin.

Die Aufgaben des Beistandes sind: Führung der Voruntersuchung auf Weisung des Gerichtsherrn, § 156, Abschluß derselben nebst Antrag, § 243, Fertigung der Anklageschrift auf die Verfügung des Gerichtsherrn, § 255, Vertretung des Gerichtsherrn in

---

[64]) v. Marck, Kritische Betrachtungen Nr. 6, 7. S. 39 ff.

[65]) Der Entwurf § 91 hatte die Selbständigkeit weniger gesichert. Vgl. Begründung und Kommission hierzu. — v. Marck, S. 47, ist der Bestimmung des Abs. 2 § 91 Entw. nicht geneigt; seine Bemerkungen führen zur Ausdehnung im Sinne des Gesetzes. — Übrigens ist es, vegen der durchaus verschiedenen Bedeutung ganz verfehlt, wenn v. Marck, S. 39, 40, die abhängige Stellung dieses Beistandes mit der des Staatsanwalts vergleicht!

der Hauptverhandlung, § 273, und überhaupt sehr oft dessen Vertretung in der Ausführung seiner Aufgabe. Selbständig vorgehen kann er aber nicht, § 169; und ebensowenig stehen ihm selbständig Zwangsmittel zur Verfügung, die er nur vorläufig bei Gefahr im Verzug anwenden kann, §§ 180, 238. Eine selbständige Verfügung wird ihm nur in § 319 gewährt. Dennoch ist er Richter, der Eide abnimmt, § 160, der daher ausgeschlossen sein und abgelehnt werden kann, § 130. — Also hat auch er eine ganz merkwürdige Stellung.

Endlich muß er u. U. die Verfügungen des Gerichtsherrn, besonders die Strafverfügung, gegenzeichnen, wodurch er die Mitverantwortung für deren Gesetzlichkeit übernimmt, §§ 97, 102, 349. Wie das bei seiner Unselbständigkeit möglich ist, ist mir nicht begreiflich; Absatz 3 des § 97 müßte ihn denn von der Verantwortlichkeit wieder befreien wollen. v. Marck, Kritische Betrachtungen, S. 44 ff. wünscht die Gegenzeichnung für alle Fälle: ich glaube, das entspricht nicht der Bedeutung des Gerichtsherrn, der doch in all' den Fällen, die eine Gegenzeichnung nicht erheischen, nach der ganzen Anlage der M.G.O. nur allein verantwortlich sein kann. Anders wäre das, wenn er eben nicht „Gerichtsherr" wäre; wenn daher die Kommission die Anklage im Gegensatz zum Entwurf §§ 234, 240 von der Gegenzeichnung abhängig machte, M.G.O. §§ 245, 254, so hat sie zwar eine praktische Verbesserung eingeführt, aber eine neue Bresche in die feste Fügung der Kommandogewalt gelegt.

Der Beistand kann sogar Mitglied des erkennenden Gerichtes sein, wenn er nur nicht „Untersuchungsführer im Ermittelungsverfahren" oder „Vertreter der Anklage" war — § 122 Z. 4 — eine nicht unbedenkliche Bestimmung.

Zu dieser Stellung würde sich ein Jurist wohl am besten eignen, wie ja in Bayern auch heute schon ausschließlich Juristen hierzu dienen. Wenn der Entwurf und das Gesetz für die niedere Gerichtsbarkeit hiervon Umgang nahmen, so thaten sie es, weil sie die Vermehrung der Verwaltungsstellen fürchteten, weil hier ja nur „Bagatellsachen" in Frage stünden, weil diese Funktion eine vorzügliche Schulung dem jungen Offizier biete, und weil ja die Rechtsmittel allen Übeln abhelfen könnten. Bei der hohen Bedeutung, die das Ermittelungsverfahren und die ganze Thätigkeit des Gerichtsherrn hat, — die noch weit über die Bedeutung des Vorverfahrens der bürgerlichen Proz.-O. hinausgeht —, scheinen mir diese Gründe nicht stichhaltig. Die behauptete Bewährung der Einrichtung bisher kann da nichts helfen[66]).

3. a) Für jede Gerichtsbarkeit ist ein „erkennendes Gericht" gebildet, das äußerlich und formell vom Gerichtsherrn abhängt, die Standgerichte, Kriegsgerichte, Oberkriegsgerichte (§ 18); Feld- und Bord-Standgerichte, beziehungsweise Feld- und Bord-Kriegsgerichte heißen die zwei ersten im Feld oder an Bord (§§ 48, 64), wo dann einige Besonderheiten für sie gelten. Über allen steht das Reichs-Militärgericht, das insofern eine eigenartige Stellung hat, als es von keinem Gerichtsherrn abhängt. Es ist freilich nur Revisionsgericht, und zugleich die Stelle, der wegen der juristischen Schwäche der übrigen Gerichte eine Reihe von rechtlich schwierigen Fragen zur Erledigung zugewiesen ist. Aber da es doch auch selbständig in die Rechtsverfolgung und Rechtsprechung eingreift, so muß es als etwas besonderes, außerhalb des bisherigen Systems stehendes bezeichnet werden[67]).

Die erkennenden Gerichte sollen mit der Verfolgung an sich nichts zu thun haben, und sind thatsächlich auch auf die Rechtsprechung beschränkt — (abgesehen von § 97 Abs. 3 und §§ 247—249) — sogar mehr als das bisher im bürgerlichen Prozeß der Fall ist, wie ich das oben darlegte. Sie sind damit in Wahrheit nur zum Teil Träger der Gerichtsbarkeit, wie man diese in der gemeinen Anschauung heute auffaßt. Aber selbst auch in der Handhabung der Zwangsrechte sind sie gegenüber dem Gerichtsherrn stark beschränkt. Sie werden mit dem Straffall erst befaßt nach dem Ermittelungsstadium im Hauptverfahren, und auch hier nur in der Hauptverhandlung, die der des bürgerlichen Prozesses entspricht.

Sie sind nicht ständig, ausgenommen das R. M. G., denn sie treten von Fall zu Fall auf Anordnung des Gerichtsherrn zusammen (§§ 18, 261, 388), wenn auch die teilnehmenden Juristen

---

[66]) Vergl. Begründung zu §§ 9, 10, Kommission zu § 10 des Entw. — Reinsdorff, a. a. O. S. 19 ff. — v. Marck, Kritische Betrachtungen S. 16 b, c — Dagegen Solms, D. Juristenzeitung I, 307.

[67]) v. Marck, Kritische Betrachtungen 4, S. 21 nennt den Aufbau der Gerichte „klar, logisch und harmonisch".

und Offiziere in gewissem Maße ständig bestellt sind [§§ 41, 53, 68, 93, 94[68])].

Diese Frage ist eine bei der Reform sehr lebhaft besprochene. Gewiß ist auch Ständigkeit der Gerichte ein sehr wesentliches Erfordernis guter, ruhiger Rechtspflege, der Ausbildung sicherer Grundsätze. (Dem steht die Teilnahme von nichtbeamteten Richtern nicht entgegen!) Insbesondere gilt dies für die erkennenden Gerichte; daß die Verfolgung und Verwaltung ständigen Organen gegeben ist, ist viel weniger wichtig. Gerade in der Ständigkeit des Gerichtsherrn und seines Beirates sieht umgekehrt v. Marck, Kritische Betrachtungen Nr. 9 S. 62, ein wesentliches Element der Ständigkeit des Gerichts. — Das wird auch militärischerseits anerkannt. Aber im Heere stehen dem viele Bedenken und Schwierigkeiten entgegen, vor allem die Beteiligung der Soldaten an der Rechtspflege. Daher muß, bevor wir die Frage besprechen können, die Vorfrage erledigt werden, mit welchen Elementen die Gerichte besetzt sind.

b) Auch hier haben wir es mit einem heftig umstrittenen Punkt zu thun[69]). Juristischerseits wird die möglichst weitgehende Teilnahme von Juristen bei den Gerichten verlangt, militärischerseits die von Soldaten. Juristischerseits wird betont, daß Rechtsprechen stets eine Kenntnis der sämtlichen sozialen, natürlichen, psychologischen Verhältnisse verlangt, die nur durch allseitiges theoretisches Studium zu erwerben ist; daß dann diese Kenntnis allein Objektivität, kühle Ruhe und eine ständige Gleichmäßigkeit der Rechtsprechung gewährleistet. Militärischerseits wird betont, daß bei Delikten von Soldaten stets die militärischen Verhältnisse wesentlich zu berücksichtigen seien, besonders die Disziplinverhältnisse, daß Juristen das nicht könnten, daß es auch alte Tradition des Heeres sei, Genossengerichte zu besitzen, daß diese sich stets bewährt

---

[68]) Der Entwurf kannte den § 53 nicht: für Kriegsgerichte sei das „unthunlich". Begründung B. II. 2. c. Daher auch seine Abweichung von den andern Paragraphen. — Vergl. Gröber in der 12. Sitzung, 16. Dezember 1897. Bassermann, 13. Sitzung, 17. Dezember 1897. — Der Paragraph entspricht den bisherigen thatsächlichen Verhältnissen. — v. Marck, Kritische Betrachtungen Nr. 9 S. 61. Er führt besonders aus, daß die Militärgerichte Standesgenossengerichte sein sollten.

[69]) Siehe v. Marck, M. Str. Pr. II §§ 127—144. — Kritische Betrachtungen, Nr. 8 S. 54. — Rehm, a. O. S. 437 ff. mit eigenartigen Grundanschauungen.

hätten, daß Juristen in der nötigen Zahl gar nicht zu beschaffen und jedenfalls nicht ausreichend beschäftigt sein könnten; daß das Militärgericht bei den Kommandostellen eingerichtet und mit diesen eng verbunden sein müsse, weswegen Juristen hier nicht die erste Rolle spielen dürften; daß es eine vorzügliche Schule für die Offiziere sei, wenn sie am Gericht teilnehmen; daß namentlich bei den niederen Gerichten nur einfache Sachen zu erledigen seien, die juristische Schulung nicht verlangten, der Jurist aber solle doch nur „den formalen Standpunkt wahren“ (Kommission, ad §§ 46, 47); daß ja auch in der bürgerlichen Rechtspflege Nichtjuristen stets für die Gerichte energisch gefordert würden; und endlich, daß alle Fehler, die freilich wohl möglich seien, durch die Rechtsmittel wieder gut gemacht werden könnten, die nach der M.G.O. an Gerichte gingen, wo Juristen in größerer Zahl sitzen.

Daran ist viel richtiges, aber die juristischen Gegengründe werden dadurch doch nicht erschüttert[70]). Es ist allerdings daran festzuhalten, daß auch Soldaten an den Gerichten teilnehmen[71]). Ich will auch nicht verhehlen, daß ich gern das zahlenmäßige Übergewicht gerade auf dieser Seite sehe. Soldaten aber in ihrer jetzigen ausschlaggebenden Stellung mit den Nichtberufsrichtern unsrer bürgerlichen Gerichte zu vergleichen, zeigt doch einen Mangel an Verständnis für unsere Gerichtsorganisation[72]). Ganz zu verwerfen ist die Heranziehung der Rechtsmittel zur Wiedergutmachung von Fehlern, — das bedenklichste Mittel eines Rechtspflegesystems, dessen häufige Benutzung der Begründung des Entwurfs keineswegs zur Ehre gereicht. Irrig ist auch die Anschauung, als ob die einfacheren Delikte weniger rechtliche Schulung zur Beurteilung verlangten, und als ob der Jurist nur die formale Seite des Falles zu behandeln habe; gerade diese Ansicht sollte doch wohl durch die Entwicklung unsrer Wissenschaft als überwunden gelten können. Die schlechte, falsche Behandlung der kleinen Fälle ist geradezu ein Grundübel der Rechtspflege! — Bedenklich ist es, die Rechtspflege als Charakterschule für Offiziere anzusehen, während umgekehrt nur

---

[70]) Hierzu besonders scharf und treffend: Ötker, a. O. I, besonders S. 11—16.

[71]) Gut: Werner, S. 23, 29.

[72]) z. B. Graf Bernstorff I. Beratung, 13. Sitzung, 17. Dezember 1897. Auch v. Marck, Kritische Betrachtungen, ist davon nicht ganz frei. Ähnlich wie ich auch Rehm a. O.

geschulte Charaktere dazu herangezogen werden sollten; Lehrkurse, von denen die Begründung spricht (zu §§ 9, 10), werden hier wohl etwas helfen, aber gerade das gründliche Studium nie ersetzen. — Auch der praktische Einwand, daß Juristen bei den militärischen Verhältnissen nicht leicht in der Justizverwaltung unterzubringen und zu beschäftigen seien, ist kaum richtig. Es braucht gar nicht bei jeder Truppe ein Jurist als Richter besonders angestellt zu sein. Dafür könnten die bürgerlichen Richter doch wohl auch genügen, die an keinem Garnisonsplatz fehlen. „Sie seien im Felde nicht mitzuführen.“ Das ist auch nicht nötig. Auch unsre M.G.O., die freilich für das Feld mit Recht möglichst wenig Ausnahmen macht, muß solche doch in gewissem Umfang zulassen. Und für solche Fälle wird gewiß jeder gern die Bestimmung zugeben, daß in den Untergerichten die Juristen fehlen können. Nach § 98 M.G.O. ist auch die Ersetzung der Juristen durch Offiziere im Felde und an Bord in weitem Umfang erlaubt.

Aus den Worten der Begründung und der Regierung gegenüber dem Reichstage spricht für den unbefangenen Leser ein — vielleicht unbewußtes — Mißtrauen gegenüber den Juristen, das sehr zu bedauern ist. Auch fällt mir dabei auf, daß hier Worte gebraucht werden, wie „eigenartige militärische Interessen“, „echt militärischer Geist“, deren Bedeutung nirgendwo klargelegt wird.

Bezüglich der Gerichtsbesetzung müssen wir die einzelnen Gerichte unterscheiden:

Bei den Standgerichten, der niederen Gerichtsbarkeit, sind Juristen gar nicht beschäftigt[73]). Das erkennende Gericht besteht aus drei Offizieren, die alle drei nebst Stellvertretern für ein Jahr im voraus ständig vom Gerichtsherrn bestellt sind: §§ 38—44. Der Entwurf § 38 hatte die Ständigkeit nur für zwei Richter bestimmt. Siehe hierzu die Kommission.

Bei der höheren Gerichtsbarkeit, wo schon im Ermittelungsverfahren Juristen mitwirken, sind diese auch in den erkennenden Gerichten vertreten. Die Kriegsgerichte bestehen aus fünf Richtern. Der Entwurf hatte unter diesen stets nur einen Juristen vorgesehen. In der Kommission waren zwei Juristen durchweg verlangt worden, aber dann kam in der 3. Beratung im Plenum ein Aus-

[73]) Ein Antrag darauf in der Kommission zu § 35 Entw. wurde zurückgezogen.

gleich zustande, wonach in kleineren Fällen nur ein Jurist, in schwereren aber zwei Juristen am Gericht teilnehmen[74]). Im ersten Fall ist dem Gericht eine Grenze seiner Strafbefugniß gesteckt; §§ 49—53. Eine derartige Bestimmung ist stets bedenklich. Sie kehrt wieder beim Standgericht § 47, wo die Kommission (zu § 44 Entw.) die Strafbefugnis noch mehr beschränkt hat, als das der Entwurf gethan hatte. Unwillkürlich empfindet das Gericht hier einen Zwang, es wird leicht die niedere Strafe einzuhalten bestrebt sein, oder aber der § 52 Abs. 2 bietet eine Gelegenheit, die Verantwortung aufzuschieben.

Unter den sieben Richtern der Oberkriegsgerichte sind zwei Juristen (§§ 66—68). — Die Senate des R. M. G. entscheiden ebenfalls mit sieben Richtern, von denen drei oder vier Juristen sind, je nach der Art der zu erledigenden Frage, § 84; entsprechend wechselt auch das Verhältnis der Juristen zu den Militärs im Plenum § 86. Diese Bestimmung wurde in der Kommission festgelegt, gegenüber derjenigen des § 78 des Entwurfs, der stets nur drei Juristen zuließ.

Während nun die Militärrichter nur in beschränktem Maße, auf ein Jahr, beim R.M.G. auf zwei Jahre, § 79 (siehe hierzu Begründung zu § 73 Entw.) ständig bestellt sind, sind die Juristen nach § 94 ebenso wie die bürgerlichen Richter auf Lebenszeit angestellt. Jedoch nur in den Oberkriegsgerichten müssen auch ihre Stellvertreter ständig angestellte Beamte sein § 70; Hilfsrichter beim R.M.G. sind ausgeschlossen § 78. (S. auch § 98.) — Dagegen finde ich nirgendwo die Bestimmung, daß der Gerichtsherr die ihm zugewiesenen Gerichtsräte in bestimmter Reihenfolge den erkennenden Gerichten zuordnen muß, etwa entsprechend dem § 62 G.V.G. Im Felde und an Bord muß auch die Ständigkeit der Richter des Standgerichtes weichen, § 44. Die entsprechende Bestimmung für das Kriegsgericht ist im § 53 nur unklar ausgesprochen.

Damit ist aber die Ständigkeit der Gerichte nur sehr wenig gewahrt, was gewiß großenteils darin seinen Grund hat, daß nur

---

[74]) Danach ist jetzt der § 49 des Gesetzes (§ 46 Entw.) falsch gefaßt. — Der Mehrzahl der Juristen ist auch v. Marck, Betrachtungen, S. 58, zugeneigt. — In der II. Beratung wurde über die zwei Kriegsgerichtsräte lebhaft in der 63. Sitzung am 17. März 1898 gesprochen und dann der Kommissionsantrag angenommen. Die jetzige Fassung entspricht dem Antrag Arenberg, Drucksachen Nr. 277, Anl. Bd. III, S. 2354 zur dritten Beratung.

aktive Offiziere zu Richtern gemacht werden. Die Regierung lehnte es im Reichstag und in der Kommission (ad §§ 46, 47) stets ab, aus pensionierten oder z. D. gestellten Offizieren Militärrichter zu machen, da diese Herren nicht mehr mit den Anschauungen und Verhältnissen des aktiven Dienstes in genügend enger Fühlung ständen. Das scheint mir aber irrig, soweit ich Beobachtungen machen konnte; es spräche auch sehr bedenklich gegen die militärische Schulung und Ausbildung des militärischen Geistes, die ich für bedeutend höher anschlage, als die Regierung das offenbar thut. Solche Herren würden aber ja durch die Richterstellung noch den Dienstverhältnissen näher bleiben. Auf die bayerischen Verhältnisse (bayr. M.G.O. Art. 62) wurde hierbei gar nicht hingewiesen. Es soll aber nicht dieser Punkt der Ständigkeit als eine wesentliche Schwäche des Gesetzes bezeichnet werden; er wird auch kaum in der Praxis später zu Unzuträglichkeiten führen.

c) Betrachten wir die Stellung der Richter selbst: Von Soldaten können nur Offiziere, Sanitätsoffiziere, Ingenieure oder Militärbeamte an der Rechtspflege teilnehmen. Der Ausschluß der Gemeinen und Unteroffiziere ist sehr zu begrüßen, wenn auch das Heer gern an dieser liebgewordenen Einrichtung festgehalten hätte; die Idee des „Genossengerichts", der auch heute noch Rechnung getragen wird (z. B. § 55), braucht nicht so weit getrieben zu werden, daß ungeeignete Elemente im Gericht sitzen[75]. Gegen die Gemeinen und Unteroffiziere spricht ihre Jugend und ihre moralische Abhängigkeit, so sehr auch ihre Ausschließung ein „Standesgericht" herbeizuführen scheint und andere Bedenken bestehen mögen. Im Kriegsgericht und Oberkriegsgericht wechselt die Zusammensetzung je nach dem militärischen Rang des Angeklagten; dabei müssen aus praktischen Gründen auch Offiziere, die dem Angeklagten im Range nachstehen, Richter sein (§§ 50 ff., 67 ff.). Welche komische Folge entsteht, wenn Zivilpersonen angeklagt sind (§ 57), ist mehrfach im Reichstag betont worden. In der Kommission wurde ein dies ändernder Antrag (zu § 51 Entw.) kurzerhand abgelehnt. Nichts zeigt klarer, wie starr und einseitig die militärische Anschauung von der Bedeutung des Gerichts ist.

---

[75]) So auch besonders Werner a. O. S. 33. — Beschränkt v. Marck, M.Str.Pr. §§ 130, 131; derselbe, Kritische Betrachtungen, S. 23 ff. Für die Gemeinen und Unteroffiziere: Ötker in seiner Schrift, besonders S. 18.

Die Richter müssen seit mindestens einem Jahre „dem Heere oder der Marine angehört“ haben, §§ 40, 60, 68. Damit hat der Richter nach der Begründung zum Entwurf § 37 „die genügende Diensterfahrung“ [76]). Daß danach junge Männer, die noch nicht volljährig sind, Richter werden können, ist im Reichstag mit Recht scharf getadelt; es gehört doch mehr als bloß Befähigung zum Offizier dazu, daß jemand Richter sein kann. Doch ist diese Bestimmung nur mehr von theoretischer als praktischer Bedeutung, da Leutnants im Frieden selten Richter werden. Für das R.M.G. gewährt § 79 ausreichende Sicherheit.

Die Juristen der Militärgerichte — Kriegsgerichts-, Oberkriegsgerichtsräte und Räte des R.M.G. — müssen Richterqualität besitzen, §§ 80, 94, 98. Sie sind wohl ausreichend sicher gestellt, §§ 81, 94—96. E.G. §§ 27—32. Sie sind Militärbeamte (§§ 13, Abs. 3, 81).

d) Überaus wichtig und schwierig ist nun aber die Frage, ob die Richter auch genügend unabhängig sind [77]). Die Begründung zum Entw. § 15 (§ 18 des Gesetzes) meint ruhig, die Unabhängigkeit der Gerichte und damit der Rechtspflege sei genügend gesichert. Nun ist das insofern richtig, als die erkennenden Gerichte nach § 18, Abs. 1 „unabhängig und nur dem Gesetz unterworfen“ sind, wozu § 97, Abs. 1, 102 eine Ergänzung bietet. Gewiß ist auch richtig, was die Begründung B. II [1] sagt, „Pflicht- und Ehrgefühl“ sicherten die Unabhängigkeit. Aber das genügt nicht [78]). Ich stimme zwar nicht mit denen überein, die sagen, der Offizier, der an Gehorchen und Befehlen gewöhnt sei, sei überhaupt ungeeignet zum Richter. Ich halte dies in seiner Allgemeinheit für irrig. Aber die ganze Einrichtung des Verfahrens hemmt die freie Denkthätigkeit des erkennenden Richters derart, daß die Unabhängigkeit verloren gehen muß. Wie sehr das Gericht vom Gerichtsherrn abhängt, habe ich schon oben gezeigt. Die ganze Anlage des Gesetzes, die Herrschaft des Gerichtsherrn über die Zwangsmittel, über die

---

[76]) Dazu siehe Reinsdorff, S. 39! — Über das Erfordernis der Volljährigkeit: II. Beratung, 63. Sitzung, 17. März 1898 zu beachten.

[77]) Siehe v. Marck, Militär-Straf-Prozeß II, §§ 120—122; Kritische Betrachtungen Nr. 10, S. 65. Rehms Ansicht hierüber, a. O. S. 425 ff., halte ich für nicht genügend begründet.

[78]) Eigentümliche Ansicht über die Stellung der bürgerlichen Richter gegenüber der der Offiziere als Richter bei v. Marck, Betrachtungen, S. 66 oben.

Anklage, über die Rechtsmittel sogar (!) lassen die Bedeutung der Hauptverhandlung stark sinken. Nur zu dieser treten die Richter zusammen, außer ihr sind sie nicht Richter, nur in dieser sind sie unabhängig, selbst die Juristen nur hier frei von den Weisungen des Gerichtsherrn (§ 97); selbst hier sind ihnen gut gemeinte Schranken der Strafhöhe gezogen, §§ 47, 51, 52; schon von vornherein kann durch die gewiß aus praktischen Gesichtspunkten für nötig erachtete Bestimmung über die Zuständigkeit des § 262 die Freiheit des Gerichts unbewußt beeinflußt werden, so daß der Unabhängigkeit der Rechtspflege doch viele Hemmnisse gegeben sind. Dazu kommt die in ihrer Bedeutung unklare Bestätigungsorder, die von den Richtern sehr wohl als eine wahre „Bestätigung" ihres sonst unmaßgeblichen Rechtsvorschlags betrachtet werden kann. Und endlich ist die in dem System freilich für notwendig erachtete Aufsicht der Justizverwaltung, §§ 112—114, eine Einrichtung, die der moralischen Unabhängigkeit der Richter sehr gefährlich werden kann. Gewiß ist diese Rechtsaufsicht bei der juristischen Schwäche der Militärgerichte sehr wünschenswert. Auch wird sie nur gegenüber den schon rechtskräftigen Urteilen geübt, § 113. Aber obwohl die Begründung des Entwurfs es ablehnt, daß in ein schwebendes Verfahren eingegriffen werde — der § 112 des Gesetzes und die Worte des Absatz 4 § 113 „zur weiteren Veranlassung", sowie der § 114 sind so allgemein gefaßt, daß eine Sicherheit des Nichteingreifens in dem Gesetz nicht genügend liegt. Übrigens soll nach der Erklärung eines Bundesratsmitglieds in der Kommission (zu § 107 Entw.) auch eine Kontrole der Gerichtsherren eingerichtet werden, die allerdings ebenso wünschenswert sein wird. — Alle diese Schwächen liegen in dem ganzen grundsätzlichen Aufbau der Militärgerichte!

Sehr wichtig für die Stellung eines Richters ist die Art seiner Disziplinarbehandlung. Das „Gesetz, betreffend die Dienstvergehen der richterlichen Militär-Justizbeamten und die unfreiwillige Versetzung derselben in eine andere Stelle oder in den Ruhestand" vom 1. Dezbr. 1898, R.G.Bl. S. 1297, gibt ausreichende Sicherheit für die Unabhängigkeit der Richter. Es schließt sich im allgemeinen an das R.-Beamtengesetz an. Sein Entwurf wurde im Reichstag nur unwesentlich verändert. Es unterstellt die richterlichen Militär-Justizbeamten Genossengerichten, den Disziplinarkammern und dem Disziplinarhof, § 7, deren zweiter beim R.M.G.

gebildet, die erste und letzte Instanz für die juristischen Mitglieder dieses Gerichtes bildet. Außer den eigentlichen Strafen, § 3, ist eine „Mahnung" durch die Verwaltungsbehörde möglich, § 2.

e) Für die Ausschließung und Ablehnung der Richter gelten so ziemlich die gleichen Regeln wie in der bürgerlichen St.P.O. — §§ 122—135.

Daß der Gerichtsherr selbst nicht abgelehnt werden kann, ergibt sich aus dem Grundsatz der M.G.O. von selbst; dennoch muß derselbe nach § 135 in bestimmten Fällen ausgeschlossen sein.

Die übrigen richterlichen Funktionäre sind außerhalb der Hauptverhandlung so gut wie in derselben, also auch bei Untersuchungshandlungen, auszuschließen oder ablehnbar; außerhalb der Hauptverhandlung entscheidet der Gerichtsherr, § 130, in derselben das Gericht, wobei der § 127 und 130, Abs. 4 — entsprechend der Praxis und den Beschlüssen des Reichstags zur Strafprozeßnovelle 1895—1897 §§ 26a, 27 — die Möglichkeit der Zurückweisung des Ablehnungsgesuchs als unzulässig oder nur der Verschleppung dienend gewährt. Erst der Reichstag hat die Möglichkeit der Ablehnung schon vor der Hauptverhandlung, § 125, entgegen dem Entwurf § 119 eingefügt: der Entwurf hätte das Recht des Beschuldigten „annulliert" (Gröber, I. Beratung, 12. Sitzung 16. Dezbr. 1897). — Daß zur Ablehnung der Gerichtsherr nicht berechtigt ist, ist wohl zu verstehen; nur dem R.M.G. gegenüber muß auch er dies Recht haben, § 124, Abs. 3.

4. Die Gerichtsorganisation[79]) geht einmal von der alten preußischen Einteilung in niedere und höhere Gerichtsbarkeit aus, deren praktischer Zweck wohl niemandem recht klar werden wird, die in die sonstige Gliederung als hübscher Flicken aus dem alten Rock hineinpaßt. Zur Klarheit des Systems trägt sie nicht bei. Selbst der Anschauung von der Verschiedenheit der Stände (Offiziere gegen Nichtoffiziere) wird sie nicht mehr gerecht[80]).

---

[79]) Werner, a. O., S. 25ff.

[80]) v. Marck, Kritische Betrachtungen Nr. 3, S. 9ff., stellt diese Einteilung in eine irrige Parallele mit der bürgerlichen in untere und höhere Ordnung der Gerichte. Er teilt die Delikte der Offiziere deswegen der höhern Gerichtsbarkeit zu, weil sie immer schon „als schwerere zu erachten" seien! Übrigens schlägt er S. 20 vor, die niedre Gerichtsbarkeit ganz zu beseitigen, als ob damit alle Schwierigkeiten gelöst wären.

Erst-Instanzgerichte sind die Gerichte der niedern Gerichtsbarkeit mit ihren Gerichtsherren des § 19 und den Standgerichten §§ 38ff. und aus der höhern Gerichtsbarkeit deren Gerichtsherren, soweit ihnen Kriegsgerichte zur Seite stehen, §§ 20—22, 26—30, verbunden mit § 31, und die Kriegsgerichte, §§ 49ff.

Die Rechtsmittelgerichte gehören nur der höhern Gerichtsbarkeit an: Kriegsgerichte und Oberkriegsgerichte mit ihren Gerichtsherren und das Reichs-Militärgericht, §§ 71ff.[81]) Dabei gilt für die Gerichtsherren Inkompatibilität zwischen der Stellung als Richter der ersten und der Rechtsmittel-Instanz, § 31.

5. In der Frage der Zuständigkeit ist das Gesetz in hohem Grade ungeschickt abgefaßt, so daß Unklarheiten entstehen.

a) Sachlich hat in erster Instanz die niedere Gerichtsbarkeit eine dreifache Zuständigkeit: die unmittelbare, „absolute" des § 15, — die mittelbare, ausgedehnte des § 16, der dem § 75 G.Verf.G. entspricht, und die mittelbare der §§ 63, 46 im Feld und an Bord. (Siehe auch § 45). Aus der Fassung des § 16 geht nicht hervor, welcher Gerichtsherr die Überweisung vornimmt; nach der Begründung zu §§ 12, 13 Entw. soll der Gerichtsherr der niedern Gerichtsbarkeit die Sachen an sich ziehen: welche praktischen Verwickelungen dies gibt, da nun also zwei Gerichtsherren zuständig sind und nach der Legalitätsmaxime beide neben einander thätig werden müssen, — das mag sich der Praktiker ausdenken. Die Zuständigkeit ist absichtlich sehr eingeschränkt; in § 47 ist außerdem noch eine Strafgrenze gezogen, die ebenso wie das Präjudiz des § 16 bedenklich hemmend wirken muß. Siehe auch § 330, Abs. 2.

Die höhere Gerichtsbarkeit bei den Kriegsgerichten „umfaßt alle strafbaren Handlungen" §§ 17, 62, Ziff. 1. Diese gewiß gut gemeinte Bestimmung ist so allgemein, daß sie eine sichere Abgrenzung der Zuständigkeit gar nicht mehr zuläßt. Es sollen alle der niedern Gerichtsbarkeit nicht gegebenen Fälle der höhern zugehören; außerdem aber soll die höhere auch die niedere umschließen; die §§ 32, Abs. 1, und 329 drücken das praktisch richtig aus. Die unbestimmte Fassung des § 17 aber macht es für den zweiten Fall ganz unsicher, welcher Gerichtsherr nun der zur Verfolgung zuständige ist: offenbar beide! § 24 mit seiner eigentüm-

---

[81]) Gehört dieses noch zur höhern Gerichtsbarkeit oder steht es noch über dieser?

lichen Mischung von Selbständigkeit und Abhängigkeit des niedern Gerichtsherrn gibt keinen Anhalt, läßt aber den höhern zu jeder Untersuchung berechtigt erscheinen; §§ 153 und 261 geben keinen Aufschluß, welcher Gerichtsherr denn der eigentlich zuständige ist[82]).

In der Rechtsmittelinstanz ist für die Rechtsbeschwerde eine allgemeine Zuständigkeit nicht vorgesehen, § 374; zuständig sind sowohl die Gerichtsherren, das obere Gericht, Oberkriegsgericht, R.M.G. und auch die oberste Militär-Justizverwaltung (§ 341); von Gerichten geht die Beschwerde nie an einen Gerichtsherrn. Für die Berufung sind zuständig die Kriegs- und Oberkriegsgerichte, §§ 62^2, 65. Für die Revision und für die Entscheidung über Zulassung des Wiederaufnahmeantrags ist das R.M.G. allein zuständig, §§ 71, 443.

b) Der Gerichtsstand kann nicht ein örtlich bestimmter sein, sondern ist persönlich: jeder hat seinen Gerichtsstand bei seinem unmittelbaren Befehlshaber, § 25. Gegen diese Bestimmung kann ebensowenig wie dagegen etwas eingewendet werden, daß Offiziere nie der niedern Gerichtsbarkeit unterstehen, § 14. Letzteres ist wegen der Kleinheit der in Betracht kommenden Verbände, ersteres wegen der Beweglichkeit der Truppen notwendig; beides bringt keine Nachteile für die Rechtspflege. Jedoch gibt es auch Gerichtsstände, die örtlich bestimmt sind: §§ 26, 27, 30[83]). Aber auch bei diesen ist der Gedanke der Disziplin maßgebend, ebenso wie bei dem persönlich bestimmten Gerichtsstand. Schon oben habe ich die Bestimmung der §§ 262, 263 erwähnt, nach welcher die Zuständigkeit, der „ordentliche Gerichtsstand" in nicht einwandsfreier Art sehr erschüttert wird[84]).

c) Endlich gibt das Gesetz auch Bestimmungen über Zusammenhang. Bei dem sogenannten subjektiven Zusammenhange, wenn also eine Person verschiedener Thaten beschuldigt wird, ist nach der Anlage der M.G.O. ein verschiedener Gerichtsstand an sich nicht möglich, da jede Person nur einen solchen haben kann; daher § 32, Abs. 1. Da aber doch auch mehrere örtlich verschiedene Gerichtsstände bestehen können, so gibt § 33 darüber eine Be-

---

[82]) Daneben besteht eine Zuständigkeit der Gerichtsherren — offenbar aller! — zu Strafverfügungen, § 349.

[83]) Ziffer 1 § 26 ist bedenklich ungenau.

[84]) Siehe hier ferner §§ 36, 329, 153. Dem Beschuldigten ist das Recht, die Unzuständigkeit zu rügen, nicht gegeben.

stimmung. Für die objektive Konnexität trifft § 34 eine klare Vorsorge; § 35 dehnt dieselbe auf strafbare Handlungen aus, „welche nach ihrem gesetzlichen Thatbestande das Zusammenwirken mehrerer voraussetzen", wofür nach der Begründung zu § 32 Entw. die bürgerliche St.P.O. keine Bestimmung geben soll. Dieses ist freilich nicht ganz unbestritten, wofür Entsch. R.G. Bd. 25, 15 und Bennecke, Lehrbuch, S. 96, Anm. 3, angeführt werden können[85]).

6. Aus der inneren Organisation der Gerichte habe ich von dem Verhältnis der erkennenden Gerichte zum Gerichtsherrn schon gesprochen. Zu erwähnen ist hier noch vor allem, daß das Gesetz einen großen Fortschritt darin bringt, daß die Richter nicht mehr in Klassen zusammentreten, und darin, daß es die Geschworenen der bayerischen Gerichte beseitigt, die beim Heere gewiß keine Bedeutung haben und nur Schwerfälligkeiten bedingen[86]). Interessant ist sodann die eigentümliche Trennung von Vorsitz und Leitung im erkennenden Gericht, die man militärischerseits im Anschluß an Bayern wegen der Sitzungspolizei für nötig erachtete (Begründung zu § 55 Entw.); §§ 61, 69, 83[87]). Aus einer gleichen Anschauung, daß das militärische Element in Militärgerichten auch nach außen das maßgebende sein müsse, stammt die Einrichtung, daß der Präsident des R.M.G. ein Offizier ist, § 73, der aber nur eine repräsentative Stellung hat. (Vgl. Begründung zu §§ 67—70 Entw.). Diese Einrichtung gibt den Juristen wiederum ein Übergewicht bei der Rechtsprechung[88]). Zu beachten sind auch die Vorschriften über die Organisation des R.M.G. und besonders die Bestimmung über die Plenarentscheidungen, die auch bei Abweichungen von den Ansichten des Reichsgerichts nötig werden (§ 85).

7. Die Militärgerichtsschreiber haben eine Stellung und Aufgabe ganz ähnlich der der bürgerlichen Gerichtsschreiber. Nur

---

[85]) Diese Entscheidung des R.G. IV, 19. Dezbr. 1893, scheint mir recht bedenklich. Dagegen halte ich die Fälle des § 35 M.G.O. allerdings als durch § 34 gedeckt, den § 35 daher für unnötig. Der Paragraph ist schon deswegen bedenklich, weil er den zweifelhaften Begriff der „notwendigen Teilnahme" festlegt.

[86]) Dagegen sprechen sich alle Reformschriftsteller aus, — natürlich aus den bekannten gegen das Geschworenengericht überhaupt vorgebrachten Gründen, die m. E. hier nicht in Betracht kommen.

[87]) Dagegen Bassermann und Beckh, I. Beratung 17. Dezbr. 1897. Vgl. v. Marck, Straf-Prozeß, § 117. Werner, S. 56 ff.

[88]) Ein solches gibt ihnen auch § 324, Abs. 2.

ist ihnen nicht die Möglichkeit gegeben, selbständig Protokolle aufzunehmen. §§ 108—110. Auch hier sind die Gerichte niederer Ordnung sehr stiefmütterlich bedacht, § 109.

8. Endlich bestimmt das Gesetz, daß Rechtshilfe sowohl innerhalb des Militär-Justizorganismus, als auch zwischen diesem und den bürgerlichen Gerichten stattfinde: E.G. §§ 11—13[89]). Im einzelnen bestimmen eine Pflicht hierzu für Zivilbehörden oder die Pflicht der Militärbehörden, sich an die Zivilbehörden zu wenden, die §§ 153, 155 bei Anzeigen, 160, 161 für das Ermittelungsverfahren (hierzu § 167, Abs. 2!), 186 bei Zwangsmaßregeln gegen Zeugen, (dazu § 208), 445 für das Wiederaufnahmeverfahren.

9. Systematisch wird man wohl auch die Militäranwaltschaft beim R.M.G., §§ 103—107, hierher stellen müssen. Sie ist zwar ähnlich wie die Staatsanwaltschaft eingerichtet; ihre Beamte sind „nichtrichterliche Beamte", § 106; ihre Aufgabe besteht wesentlich in der Vertretung der Verfolgung vor dem R.M.G. (besonders § 409, 443 f.); sie verfügt nirgend über Zwangsrechte. Aber sie hat eben nur formell die Verfolgung darzustellen; mit der Anklage, der Rechtsmitteleinlegung hat sie sachlich nichts zu thun. Sie kann also nur als eine Vertreterin der Gerichtsherren in ihrer Verfolgungsthätigkeit gegenüber dem R.M.G. angesehen werden, als deren rechtsgeschulter Beistand. Daher konnte sie auch in § 105 dem Präsidenten des R.M.G. unterstellt werden; daher hat sie auch nach §§ 92 und 424 direkt Richterrechte.

II. Wollen wir systematisch analog dem bürgerlichen Strafprozeß zu den Parteien übergehen, so finden wir, daß von solchen nach der M.G.O. nicht gesprochen werden kann. Die Verfolgung ist eben nicht einer besonderen Partei gegeben; daher ist auch das Verhältnis des Beschuldigten zum Gericht unmöglich als das der Partei zu charakterisieren, denn einen einseitigen Parteiprozeß kennen wir eben trotz John nicht. Wo die Verfolgung dem Richter überlassen ist, kann der Verfolgte nicht mit einem gleichstehenden Gegner gemeinsam dem über beiden stehenden Gericht gegenüber zur Wahrung seiner Persönlichkeit auftreten. Dennoch sind auf Seiten des Beschuldigten Rechte ausgebildet, die den Parteirechten entsprechen, — und das ist zweifellos der beste Anfang einer

---

[89]) Siehe v. Marck, Militär-Straf-Prozeß II, § 102. Interessant, wenn auch jetzt wesentlich überholt: Delius, Archiv f. öffentl. R. IX, 1894, S. 240 ff.

Reform auf diesem Prozeßgebiet, eine halbe Anerkennung des Parteigrundsatzes, zu der auch das formelle Parteiauftreten in der Hauptverhandlung kommt. Wenn sie auch noch nicht so weit ausgebildet sind wie im bürgerlichen St.P., wenn auch keineswegs ihr Bestehen allein schon einen Anklageprozeß begründet, so werden sie doch auf die volle systematische Ausgestaltung des Parteiverfahrens immer hinweisen. Und das ist der bedeutsamste Fortschritt, den die M.G.O. gebracht hat.

a) Auf der Seite der Verfolgung ist zu beachten, daß dem verletzten Privaten sehr wenig Rechte zugebilligt sind; das Hauptrecht der §§ 247—249 hat ihm der Reichstag erst verschafft, ebenso das des § 287 (gegen § 274 Entw.). Eine Privatklage oder Nebenklage gibt es nicht. Das stimmt völlig zu dem System: neben der Partei könnte der Private wohl berechtigt sein, neben dem Richter ist das unmöglich, und ebenso neben dem Disziplinarberechtigten, der im Strafprozeß nur sein Vorgesetztenrecht geltend macht.

Daß Untersuchungsmaßregeln auch vor Stellung eines Strafantrags erlaubt sind, war auch bisher schon praktisch rechtens; die M.G.O. hat dies aber mit Recht gesetzlich festgelegt. (§§ 182, 234).

b) Die wesentlichsten Rechte des Beschuldigten[90]) sind[91]):

1. Einhaltung des ordentlichen Gerichts, des zuständigen und des ordnungsgemäß besetzten: andernfalls Revision, § 400$^{1-4}$.

2. Einhaltung der gerichtlichen Formen, z. B. bei der Anklage, § 254, in der Ladung, § 266f., bezüglich der Identität der That zwischen Anklage und Urteil, §§ 317ff. Dies Recht wahrt besonders die Rechtsbeschwerde und die Revision.

3. Freie Selbstbestimmung. Zwang zur Aussage, zum Handeln, Lügenstrafen, Ermahnung zur Wahrheit u. dgl. sind überall ausgeschlossen (besonders §§ 171—173), ausdrücklich noch in § 382, Abs. 2[92]). Den letzten Rest eines moralischen Zwangs, die „Frivolitätsstrafe" bei der Berufung hat das Gesetz § 396 entgegen dem

---

[90]) Nach der Anklageerhebung, § 258, nennt auch die M.G.O. den Beschuldigten „Angeklagten", ohne diese technische Bezeichnung gesetzlich zu fixieren.

[91]) Im allgemeinen steht Ötker, a. O. III, S. 29ff., bezüglich der Verteidigung des Beschuldigten auf meinem Standpunkt. Ähnlich auch Stenglein, D. Juristenzeitung III, S. 12. Manches hat das Gesetz ja verbessert.

[92]) Auch erscheint der Angeklagte „ungefesselt" in der Hauptverhandlung, § 178.

Entwurf § 380 zum Glück auch fallen lassen. In der Begründung und vor der Kommission wurde hierzu nur sehr kurz bemerkt, das Militär müsse eine solche Kautel gegen die Verschleppung des Verfahrens haben, da die Rechtsmittel in dem Umfange des Entwurfes dem Militär bisher fremd seien. Dennoch sprach sich der Reichstag hiergegen und gegen die ganz unzutreffende Citierung des § 152 M.St.G. aus. Wichtig ist auch, daß in § 327 Abs. 3 die Befragung des Angeklagten, „ob er sich bei dem Urteil beruhige", gegenüber § 312 Entw. weggefallen ist.

4. Anwesenheit in der Hauptverhandlung, § 278, und vorher bei Augenschein, § 165, und bei kommissarischer Beweiserhebung, § 271. In der Berufungsinstanz kann der Angeklagte auf sein Recht zur Anwesenheit nach § 389, Abs. 1, verzichten (anders Entw. § 373, vgl. Kommission hierzu). Bei der Revision gilt nach § 408 dasselbe wie in der bürgerlichen St.P.O. § 390. Gegen einen „Ausgebliebenen" kann nicht einmal im Umfange der bürgerlichen St.P.O. verhandelt werden; doch ist Entbinden vom Erscheinen nach §§ 280, 281 ebenso wie dort möglich. Auch gegen einen „Abwesenden" ist nur eine Sicherung der Beweise gestattet, § 357. Damit ist — eine wichtige Neuerung! — das Ungehorsamsverfahren gegen Fahnenflüchtige gleichfalls verschwunden, dem gegenüber nach der Begründung zu §§ 341—347 Entw. die Bestimmungen des neuen Gesetzes praktischer erscheinen[93]).

5. Besonders wichtig ist das Recht der eignen Mitwirkung. Während aber dieses nach dem bürgerlichen Verfahren schon für die Vorerhebungen und die gerichtliche Voruntersuchung gesichert ist, beginnt es nach der M.G.O. erst mit dem Hauptverfahren. Dies ist eine sehr bedenkliche Folge des Untersuchungsgrundsatzes. Das Ermittelungsverfahren kann ohne einen bestimmt Beschuldigten stattfinden; eine Beschränkung auf eine einzelne That ist nicht vorgesehen. Selbst der erste und fünfte Absatz des § 173, wonach ein Beschuldigter im Ermittelungsverfahren als vorhanden angesehen wird, ist kein Gegenargument gegen meine Behauptung; im Entwurf sind diese Sätze nämlich nicht enthalten; die Kommission nahm sie „unter Hinweis auf die Motive" ohne Debatte an (zu § 165). Ich lese aus der Begründung B. III 1 nur heraus, daß das Ermittelungsverfahren einen bestimmten Beschuldigten noch nicht zu

---

[93]) Siehe E.G. § 2.

kennen braucht, finde auch sonst keine entgegengesetzte Bestimmung, so daß § 173 eben nur für den Fall Anwendung finden wird, daß von vornherein ein Beschuldigter da ist. Wenn nun auch für das Vorverfahren schon Objektivität nach § 159 gilt, und hiernach wie nach § 173, Abs. 3, für die Verteidigung besonders zu sorgen ist, — nirgendwo wird ein Recht des Beschuldigten auf Mitwirkung bestimmt, ausgenommen bei dem Augenschein, wo § 222 ein dem § 193 bürgerl. St.P.O. ähnliches aber beschränkteres Recht festsetzt.

Im Hauptverfahren ist das Recht wiederum wesentlich auf die Hauptverhandlung beschränkt, wo es aber nach dem Gesetz ebenso weit reicht, wie nach der bürgerlichen St.P.O. (besonders §§ 298f. gegenüber §§ 285, 286 Entw.). Beweisanträge vor der Hauptverhandlung sind zwar im § 269 zugelassen, aber ein Selbstladerecht ist hier nur sehr bedingt durch die Kommission bewilligt. Ebenso schränkt § 388 das Recht des Angeklagten, auf die Beweise in der Berufungsinstanz einzuwirken, erheblich ein. (Vgl. Kommission zu § 373 Entw.). Hierher rechnet auch, daß dem Beschuldigten die Rechtsmittel ebenso wie dem Gerichtsherrn zustehen.

c) 6. Endlich gibt auch das Gesetz dem Beschuldigten das Recht auf formelle Verteidigung (§§ 337—348[94]). Über diesen Punkt wurde bekanntlich schon in der Reformlitteratur und dann gegenüber dem Entwurf sehr lebhaft gestritten[95]). Er gehört auch zu den wichtigsten des Systems, denn in nichts kommt das Parteirecht des Beschuldigten so klar zur Geltung als in der Befugnis, einen Verteidiger zur Seite zu haben. Für den Juristen bedarf das nicht der weitern Erklärung: hier steht der Staat mit all' seinen Mitteln, — dort der Beschuldigte (nicht schon der „Verbrecher"!), um dessen Leben, Stellung, Freiheit, Ehre es sich handelt,

---

[94]) Warum stehen diese Bestimmungen hinter denen über die Hauptverhandlung? — „Beistände" gibt es nicht.

[95]) Siehe Friccius § 176, Bothe, S. 82, Werner, S. 13, Zenk, S. 200, beschränkt Kraus, § 27[5], S. 120. v. Marck, Kritische Betrachtungen, S. 90ff. eingehend; er ist im allgemeinen mit dem Entwurf einverstanden, würde aber u. U. schon im Ermittelungsverfahren einen Verteidiger zulassen. Besonders interessant seine Ausführungen über die Zulassung der Rechtsanwälte. Die Entwurfsbegründung B. IV sagt, „zwingende militärische Rücksichten" führten zu Einschränkungen, — welche? Das muß der Leser sich zusammensuchen! Siehe auch II. Beratung, 65. Sitzung vom 19. März 1898. Interessant auch Rehm, a. O. S. 436 f.

ohne jedes Mittel, oft verhaftet. Die neuzeitliche Anschauung verlangt Gleichheit der Waffen. Das Recht auf formelle Verteidigung im weitesten Umfang gehört zum innersten Wesen des Parteiprozesses; unser moderner Prozeß wird hier noch weitgehende Änderungen erfahren. Der militärischen Anschauung aber widerspricht es, daß der Disziplinargewalt gegenüber ein Verteidiger auftrete. Nichts charakterisiert so gut den Untersuchungsprozeß, als die Scheu vor dem Verteidiger, der dem Gericht gegenübertreten könne; nichts kann uns die Reform auf diesem Gebiet, die für den bürgerlichen Prozeß vor bald 100 Jahren erstritten wurde, so lebendig wieder vor Augen führen, als die Begründung zu diesem Punkte des Entwurfs und die Erklärungen der Regierung hierzu in der Kommission und im Reichstag! Die starken Beschränkungen der Verteidigung nach dem Entwurfe hat auf die energischen Angriffe besonders des Anwaltstandes der Reichstag sehr wesentlich gemildert.

Das Gesetz schließt den Verteidiger ganz aus „vor den Standgerichten", § 337, Abs. 2, während der Entwurf § 322 den Ausschluß für die zur niedern Gerichtsbarkeit gehörenden Sachen auch für die Rechtsmittel-Instanz gewollt hatte. „Wegen der Einfachheit" dieser Fälle sei hier eine Verteidigung nicht nötig, und selbstverständlich muß auch hier die Berufung alle Mängel heilen. In allen andern Fällen ist die Verteidigung zugelassen, § 337, — in einigen sogar notwendig, § 338 und § 217, Abs. 1, analog der Bestimmung des § 140 St.P.O., wenn diese auch etwas geändert ist. Dagegen bringt § 381 Abs. 2 keinen neuen Fall der notwendigen Verteidigung. Jedoch kann ein Verteidiger nach dem Gesetz erst auftreten nach Abschluß des Ermittelungsverfahrens (§ 173, Abs. 5)[96]), also auch schon vor Erhebung der Anklage, §§ 337, 345, Abs. 2, während der Entwurf den Verteidiger erst nach Anklageerhebung zuließ. Im Ermittelungsverfahren herrscht rein die Untersuchungsbefugnis des Gerichtsherrn: diese verträgt keinen Verteidiger, wie die Begründung ganz offen ausspricht, es sei hier kein Bedürfnis vorhanden, es führe die Verteidigung zu Verwickelungen, Verzögerungen, — das sind die stets wiederholten Argumente für die Beschränkung, denen

[96]) Um dies Recht wirklich geltend zu machen, müßte also der Abschluß dem Beschuldigten formell mitgeteilt werden. Da dies nicht vorgesehen ist, so ist das Recht verkümmert.

sich der Reichstag nicht energisch genug widersetzte[97]). Daß das Ermittelungsverfahren von der größten Bedeutung für den ganzen Prozeß ist, daß ein Verfahren, das auch nur eine Minute zu kurz war, die größte Ungerechtigkeit enthalten kann — daß der Strafprozeß dem Rechte in erster Linie und nicht allein der Heeresdisziplin dienen soll — davon sprach niemand.

Bei der notwendigen Verteidigung und auch in andern Fällen wird der Verteidiger „bestellt" §§ 339, 342, — sonst, aber auch in diesen Fällen, kann der Angeklagte einen Verteidiger „wählen", §§ 338[1], 343. — Verkehr und Rechte des Verteidigers sind ähnlich denen der bürgerlichen P.O. bestimmt; dabei ist § 344 gegenüber dem Entwurf § 329 erweitert. Jedoch enthält der § 293, Abs. 1, eine sehr wichtige Beschränkung des Fragerechts des Verteidigers.

Es werden nur bestimmte Personen als Verteidiger zugelassen: § 341. Die hier auftauchende überaus wichtige Frage nach der Beschränkung der Zulassung von Rechtsanwälten verdient eine sehr sorgfältige Beachtung; sie hat Bedeutung weit über das Gebiet der M.G.O. hinaus. Hier will ich nur bemerken, daß die Ziffer 4 des § 341 erst im Reichstag eingefügt wurde, und daß der Entwurf § 326 Rechtsanwälte nur bei bürgerlichen Verbrechen und Vergehen zugelassen hatte. Das Gesetz enthält eine unzweifelhafte Verbesserung des Entwurfs, aber dessen Grundgedanken: Beschränkung der Rechtsanwälte, behält es völlig bei. Damit ist die erste Bresche in den Wall der freien Advokatur gelegt; aber daß sie kommen werde, konnte wohl vorausgesehen werden, denn wir werden uns gar nicht verhehlen dürfen, daß die Rechtsanwaltschaft durch ihre große Freiheit Elemente in sich aufnehmen mußte, die ihr große Gefahren bringen, so lange nicht in unserm Rechtsverfahren auch die Rechtsanwälte einen höhern Rang einnehmen. Heute kann der Heeresverwaltung die Berechtigung, zur politischen Sicherheit und zur Erhaltung der Heeresdisziplin nicht alle Rechtsanwälte zuzulassen, gar nicht bestritten werden; ob der § 341 das richtige hierin getroffen hat, ist eine andre Frage[98]).

---

[97]) Ausgenommen für § 165, der aber auch keine „notwendige Verteidigung" schafft, und bei § 357 für den Abwesenden.

[98]) Vgl. Begründung B. IV, die Kommissionsberatungen, Reichstag I. Beratung, 16. Dezbr. 1897, Gröber, Schröder; 17. Dezbr., Bassermann, Generalauditeur Ittenbach. Dazu Anwaltskammer Berlin, Deutsche Juristenzeitung III, 1898, S. 75.

C. Die Grundsätze des Verfahrens.

Bevor ich nun den Gang des Verfahrens und seine Einzelheiten behandle, muß ich noch kurz die hierfür geltenden allgemeinen Grundsätze anführen. Den einen, den Untersuchungsgrundsatz, und die für das Gericht geltenden, habe ich schon besprochen.

Vor allem gilt auch für die M.G.O. der Grundsatz der materiellen Wahrheit genau wie sonst im Strafprozeß.

Statt des Anklagegrundsatzes aber finden wir hier nur eine Anklageform, die für das Hauptverfahren gilt. Im Ermittelungsverfahren ist von ihr noch weniger zu finden, als in dem Vorverfahren der bürgerlichen St.P.O. Aber selbst im Hauptverfahren ist sie beschränkt. Als Parteien — hier könnte man mit Recht von „bloß formeller Parteistellung" reden — gelten der Gerichtsherr mit seinen Beiständen, auch der M.-Anwaltschaft, einerseits, der Angeklagte anderseits. Der Gerichtsherr erläßt die das erkennende Gericht bindende Anklageverfügung, §§ 250, 260, 317—319, die er vor dem Gericht in der gleichen Weise vertreten läßt, wie der Staat die Anklage im bürgerlichen Verfahren durch die Staatsanwaltschaft. In derselben Weise stehen ihm später die Rechtsmittel zu. Der Angeklagte tritt hier ganz analog dem im bürgerlichen Verfahren auf; das Gericht ist auf die Rechtsprechung beschränkt. — Darin sehen viele einen richtigen „Anklageprozeß"[99]). Wäre mit der gemeinen Meinung anzunehmen, daß das Hauptverfahren allein den „eigentlichen Prozeß" darstellt, dann könnte man geneigt sein, dem zuzustimmen. Aber einmal zeigt genaueres Zusehen, daß auch hier der Gerichtsherr doch als wahrer Richter auftritt: er bestimmt über das Gericht, §§ 261, 264, ja sogar über dessen Zuständigkeit, § 262 (§ 329.); auch jetzt noch steht ihm die Entscheidung über ein Ablehnungsgesuch zu, § 130[100]). Er bestimmt noch über Herbeischaffung von Beweismitteln, §§ 265, 269, 270, und sogar immer noch über die Zwangsmittel. Diese Sätze zeigen,

---

[99]) Z. B. Bassermann ganz einseitig in der I. Beratung, 17. Dezember 1897. — Es berührt höchst eigentümlich, wenn man bei den „Verbesserungen" im Beiheft zum Militärwochenblatt, 1897, S. 354 unter Nr. 2: Inquisitionsmaxime und Anklageform einander gegenüber gestellt sieht!

[100]) Anders wird diese Frage wohl nicht beantwortet werden dürfen; § 130 sagt dies ausdrücklich, wenn sich auch die Kommission, als sie die Bestimmungen hierüber änderte, nicht klar aussprach.

daß das „erkennende Gericht" eben nicht allein das Gericht darstellt. — Und sodann, welchen Charakter hat das Ermittelungsverfahren? Gehört es auch hier nicht zum Prozeß, wie man das für die Voruntersuchung im bürgerlichen Verfahren behauptet? Wenn „nein", — wie kommt dann der Gerichtsherr zu so wichtigen Rechten und Maßregeln? Wenn „ja", wo bleibt der Anklageprozeß? Nichts kann m. E. klarer darthun, daß der „Prozeß" nicht erst mit der Hauptverhandlung beginnt, als die überragende Stellung, die in der M.G.O. dem Vorverfahren eingeräumt ist, und die sich in der Praxis ganz naturgemäß als das wichtigere der zwei Prozeßstadien herausstellen wird. —

Den Praktikern war und ist bedeutungsvoller als diese systematische Frage jene der Öffentlichkeit des Verfahrens, die stets so energisch verlangt wurde[101]). Daher wurde auch diese Frage im Reichstag sehr lebhaft in allen Beratungen behandelt. Auf sie näher einzugehen, würde hier zu weit führen, doch muß ich wenigstens die zwei maßgebenden Gesichtspunkte hervorheben. Einerseits ist Öffentlichkeit absolut notwendig zur Sicherung der Rechtspflege und für das Vertrauen des Volkes in dieselbe[102]). Anderseits aber verstehe ich es vollkommen, wenn man sich im Heere vor ihrer vollen Einführung sehr scheut nach der Art, wie sie heute in der Praxis verstanden wird. Insbesondere ist es für den Juristen, der es ernst meint, nicht immer erfreulich, die Preßberichte über die Verhandlungen zu lesen, in denen doch so recht eigentlich die Öffentlichkeit zu tage tritt. Doch ist es auch wieder unberechtigt, in diesen allein das Wesen der Öffentlichkeit zu erblicken. Sie sind bedeutungsvoll und bedürfen gar sehr der Unterstützung und Verbesserung; aber sie sind neben der wissenschaftlichen Öffentlichkeit auf die Dauer untergeordnet und weniger maßgebend. Diese wird

---

[101]) Vgl. hierzu Solms, D. Juristenzeitung I, 330. Stenglein, ebenda II, 441; III, 13. Schärffster Gegner: Reinsdorff, S. 40 ff., sehr beschränkt v. Hoff, S. 27 ff. Für Öffentlichkeit der Hauptverhandlung: Friccius § 197. Bothe, S. 71 ff. Kraus, S. 121 f. Werner, S. 8 f. — Zenk, S. 202 ff. schlägt vor: Volle Öffentlichkeit für gemeine Delikte (S. 210), Militäröffentlichkeit für militärische, S. 217, Nichtöffentlichkeit beim Kriegsprozeß, S. 223. — v. Marck, Kritische Betrachtungen, S. 110 ff. verlangt Militärische und beschränkte Volksöffentlichkeit, — was zu einseitig ist. — Beiheft zum Militärwochenblatt 1897, S. 315: Öffentlichkeit nur unter großer Beschränkung!

[102]) Ganz beiseite bleibt freilich die Erwägung, daß dann die Richter gewissenhafter würden! Aber auch davon hat man gesprochen!

aber durch jene getragen; wird jene beschränkt, dann wird auch die Wissenschaft, die ruhige Fortentwicklung gehemmt. Wir sind in unserm politischen Leben immer noch zu jung, um seinen Anforderungen einigermaßen gerecht werden zu können. Daher wäre das Unterbinden der Entwicklung das allerverkehrteste, wenn diese auch Auswüchse mit sich bringt: Verhütung der Fehler durch bessere Ausgestaltung und Benutzung der Institutionen, kräftiges Eingreifen auch der guten Elemente ist viel richtiger. Man wird diese Interessen und Tendenzen bei der Behandlung der Frage — auch im einzelnen praktischen Fall — sehr sorgfältig beachten müssen!

Das Gesetz bestimmt als Grundsatz in § 282 (390) „die Hauptverhandlung erfolgt öffentlich". Doch gelten hiervon schon Ausnahmen nach § 288 Abs. 1 und nach § 287 für das Militär. Unklar bleibt hier, warum weiblichen Personen der Zutritt versagt werden kann; die Bestimmung, daß Militärpersonen unter dem Range des Angeklagten stets ausgeschlossen sind, halte ich gegenüber Offizieren für nicht ganz berechtigt; daß dem Verletzten der Zutritt gestattet werden kann, ist ein vom Reichstag errungenes Zugeständnis. — Von der Regel enthalten die §§ 283—286, 288, Abs. 2, die Ausnahmen, deren Richtung den Grundsätzen des G.V.G. völlig entspricht. Daß nach § 283, Abs. 1 militärdienstliche Interessen auch zum Ausschluß der Öffentlichkeit führen können, ist voll berechtigt. Bedeutungsvoller und viel umstritten ist der Abs. 2 dieses Paragraphen, bei dem die Kommission entgegen dem zweifelhaften Wortlaut des Entwurfs § 270 festlegte, daß nicht Vorschriften für den einzelnen Fall gegeben werden können[103]).

Es entsteht nun die Frage, wie sich diese Einrichtung in der Praxis gestalten wird. Es wird das, wie stets betont wurde, vor allem davon abhängen, wo die Sitzungen stattfinden werden, und hier ist die Vorschrift des § 264 bedenklich. Daß die Volksöffentlichkeit Not leiden wird, wenn die Verhandlungen in Kasernen stattfinden, — was wahrscheinlich ist, — das erkennt selbst die Begründung und die Regierung in der Kommission (zu § 270 Entw.)

---

[103]) Gegen diese Fassung und Tendenz des Gesetzes ausführlich v. Marck, Kritische Betrachtungen, S. 115 ff. — Siehe auch II. Beratung, 65. Sitzung, 19. März 1898. — I. Beratung: Groeber, v. Hertling am 16. Dezember, dagegen v. Puttkammer-Plauth; — Bassermann, Lerno, Generalauditeur Ittenbach am 17. Dezember.

an. Aber man darf nicht vergessen: Offiziere, häufig Unteroffiziere werden den Verhandlungen anwohnen, in wichtigen Fällen gewiß auch rechtsgeschulte Zivilpersonen; und dann wird besonders auch die wissenschaftliche Öffentlichkeit gelten. Daher und da nach der offenen Erklärung des preußischen Kriegsministers in der Kommission, daß der Tendenz des § 282 gegenüber nicht auf Schleichwegen wieder die Heimlichkeit beigebracht werden soll, ein Zweifel an der ehrlichen Handhabung des Gesetzes unstatthaft ist, bin ich überzeugt, daß die Militärrechtspflege mit der Zeit bei uns in voller Öffentlichkeit vor sich gehen wird.

Die Mündlichkeit und die Unmittelbarkeit der Hauptverhandlung kennt die M.G.O. genau so wie die bürgerliche St.P.O. (§ 260 Abs. 2 und die §§ 273 ff. über die Hauptverhandlung)[104]). Für die Berufung gelten Beschränkungen, §§ 388, 390, 392.

Endlich kennt die M.G.O. den Grundsatz der Rechtskraft des Urteils mit der Folge des „ne bis in idem": §§ 157, 249. Interessant und wichtig für die Bedeutung des militärischen Disziplinarstrafrechts ist dabei, daß dieses Verhältnis auch gegenüber der Disziplinarverfügung gilt. —

D. Betrachten wir, welche Bestimmungen das Gesetz über gerichtliche Handlungen im allgemeinen

gibt; für den bürgerlichen Prozeß sind sie bekanntlich auf zwei Gesetze verteilt; die M.G.O. nimmt sie jeweils an den Stellen auf, wo sie ihr von Bedeutung erscheinen und setzt nur einiges allgemeine dem zweiten Teil voraus. Ich halte diese Trennung für nicht glücklich, trotz der Bemerkungen der Begründung zu „Zweiter Teil, Verfahren". Zu beachten ist hierbei, daß diese Sätze nicht bloß für das erkennende Gericht zu gelten brauchen.

1. Die Bestimmungen über die Gerichtssprache §§ 115—121 entsprechen ziemlich genau denen des G.V.G. §§ 186—193. Der § 121 läßt den Satz 2 des § 193 G.V.G. weg, der durchaus praktisch ist; sein Fehlen muß zu Verzögerungen führen, da nun § 130 Abs. 2—4 häufig Anwendung finden muß.

2. Über die Sitzungspolizei geben die §§ 289, 290 Bestimmungen, die mit einigen Ausnahmen denen der §§ 177—183

---

[104]) Bedenklich allerdings § 310 bezüglich der Verlesung der Erklärung militärischer Vorgesetzter; siehe Ötker, a. O., S. 6.

G.V.G. analog sind. Eigentümlicherweise fehlen diese Bestimmungen völlig für den Gerichtsoffizier oder Militärjustizbeamten, der außerhalb der Hauptverhandlung thätig wird. (G.V.G. § 182.) Auch paßt die Beschwerdebestimmung des § 290 Abs. 5 nicht für das Oberkriegsgericht und gar das R.M.G., wo doch auch Verhandlungen geführt werden. — Daß durch die militärischen Verhältnisse hier andre Regeln geboten sind als im bürgerlichen Verfahren, wenn ein Offizier (— ein General, der seinen Burschen verteidigt! —) auf einer Parteiseite steht, ist leicht zu sehen; die M.G.O. bestimmt hierüber nichts.

3. Über Entscheidungen spricht das Gesetz an mehreren Stellen. Die §§ 136—145 handeln von Entscheidungen, Verfügungen und deren Zustellung und entsprechen den §§ 34, 35 St.P.O. „Verfügungen" sind nach der Begründung hier genannt, damit auch die der Gerichtsherren als zweifellos einbegriffen erscheinen. Mit Recht weist v. Marck darauf hin, daß durch solche unscharfe Doppelbezeichnungen gerade Zweifel entstehen können. Das Gesetz gibt über die Zustellung eigne Regeln, deren praktische Bedeutung sich erst wird erweisen müssen. Besonders bin ich im Zweifel, ob die Bestimmung des § 142 Abs. 2 über die Zustellung durch Aufgabe zur Post praktisch ist, wenn der letzte Satz zur Anwendung kommt: hier weiß man nicht, wann denn „dieser Weg erfolglos" geblieben ist. — Zustellungen an den Gerichtsherrn analog denen an die Staatsanwaltschaft (St.P.O. § 41) gibt es natürlich nicht. (§ 137 Abs. 3.) — Über die Urteilsverkündung gibt § 327 eine dem § 267 St.P.O. ähnliche Bestimmung. Das Gesetz hat hier gegenüber dem Entwurf § 312 die in diesem enthaltene Möglichkeit der Beeinflussung des Beschuldigten bei der Befragung über die Rechtsmittel gemindert, — keineswegs beseitigt! (Siehe Kommission zu § 312.) — Interessant sind die Regeln über die Abstimmung, (§§ 87, 409 für das R.M.G. — §§ 320—325 sonst), die zum Teil den §§ 196—200 G.V.G. nachgebildet sind, aber im § 320 eine wesentliche Erweiterung erfahren haben betreffend die Reihenfolge der abzustimmenden Punkte. Diese in der St.P.O. fehlende Bestimmung schließt sich im allgemeinen der von Theorie und Praxis angenommenen Ansicht in der Teilung der Elemente der Entscheidung an. Mit Recht aber tadelt Ötker (a. O. S. 14) die Allgemeinheit des Ausdrucks, besonders der „Vorfragen", mit denen nach der Begründung (zu § 307 Entw.) die sogenannten Prozeß-

voraussetzungen gemeint sein sollen: doch hätte das Gesetz dies sagen müssen! — Als Majorität bei jeder Entscheidung galt nach dem Entwurf nur die einfache, — das Gesetz hat in § 323 für die Bejahung der Schuldfrage die Zweidrittelmehrheit glücklicherweise eingeführt (Kommission zu § 309 Entw.), da doch die beliebte Berufung nicht immer genügend Garantieen bietet[105]).

4. Was die §§ 146—150 über Fristen sagen (genau wie der Entwurf §§ 139—143), stimmt ziemlich mit der P.O. §§ 42—47 überein. Zu beachten ist hierbei nur die Kürze der Fristen[106]) und sodann die neue Bestimmung des Absatz 2 § 149 (ähnlich § 342 St.P.O. — nach der Begründung zu § 142 nicht ganz scharf ausgedrückt).

5. Sehr wichtig sind die Regeln der M.G.O. über die gerichtlichen Zwangsmittel, bezüglich deren größere Abweichungen von den Bestimmungen der bürgerlichen St.P.O. zu finden sind. Systematisch sind die Bestimmungen in der M.G.O. ganz verschieden gestellt als in der St.P.O.: richtig stehen jedenfalls diejenigen über die Verhaftung.

a) Zur Erlangung der Person des Beschuldigten ist vor allem die Verhaftung möglich; die hier genannte Dienstenthebung des § 174 hat damit garnichts zu thun und dient nur der Disziplin, (Preuß. M.G.O. § 98). — Für die Verhaftung ist der Unterschied zwischen den Prozeßstadien, den die St.P.O. macht, nicht vorhanden. — In den Voraussetzungen der Zulässigkeit schließt sich § 176 im allgemeinen an die St. P. O. § 112 an; abgesehen aber von der andern Fassung und der Einschiebung der militärisch nötigen Ziffer 3 ist in Ziffer 4 eine höchst bedenkliche und nie in eine St.P.O. gehörende polizeiliche Bestimmung gegeben, wonach die Verhaftung präventiv möglich ist; die Begründung hierzu kann für ein Prozeßgesetz nicht genügen. — Die Anordnung erfolgt immer durch den Gerichtsherrn § 175, nach der Begründung wegen der Disziplin und zwar auch im Hauptverfahren (§§ 277, 278); ein schriftlicher Haftbefehl ist in der Kommission (zu § 169) als zu kompliziert bezeichnet worden. Was dann die Begriffsbestimmung über den Haftbefehl in § 167 der Begründung bedeutet, insbesondere wie sie sich zum Gesetz verhält, verstehe ich

---

[105]) Danach hätte jetzt Absatz 1 § 322 genauer redigiert werden sollen.
[106]) Siehe hierzu Begründung zu §§ 139—143 Entw.

nicht. — Die Beschwerde gegen die Anordnung hat erst die Kommission eingefügt (§ 175, Entw. § 167). — In der Aufhebung gleicht jetzt der § 179 der bürgerlichen St.P.O.; der Entwurf § 171 war in seinem Abs. 2 viel eingeschränkter und wollte trotz Freisprechung die Verhaftung fortdauern lassen: Was die Begründung hierzu über die Bedeutung der Berufung sagt, ist höchst interessant; und aus den Kommissionsberatungen tritt uns deutlich hervor, welche überwiegende Stellung in der ganzen Rechtsentscheidung der Entwurf dem Gerichtsherrn gegeben hatte. — Sicherheitsleistung statt Haft ist wie bisher nicht zugelassen.

Der Verhaftung gegenüber steht die vorläufige Festnahme §§ 180, 181; auch die Anordnung des Gerichts gehört hierher, §§ 277, 291 [107]). Höchst interessant sind hier die Bemerkungen und Beratungen zu § 180 Abs. 3 [108]), dessen Fassung nach dem Antrag Arenberg in der dritten Lesung wieder dem Entwurf angenähert wurde und der aus der preußischen Kabinetsordre vom 6. Dezember 1855 stammt und einem „berechtigten Standesbewußtsein" Rechnung tragen soll. Ob nach ihm die Konflikte vermieden werden, die man bei seiner Weglassung befürchtete, scheint mir immerhin zweifelhaft. Zu beachten ist, daß nicht nur die aktiven Offiziere „im Offiziersrang stehen".

Das weitere Zwangsmittel ist die Vermögensbeschlagnahme bei Abwesenden, § 360 = St.P.O. § 332.

b) Zur Erlangung von Beweismitteln [109]) sind Beschlagnahme und Durchsuchung möglich, §§ 229—242, die sich im allgemeinen den Bestimmungen der St.P.O. hierüber anschließen. Der Entwurf hatte hier folgerichtig die Anordnung auch gegenüber Zivilpersonen dem Gerichtsherrn gegeben und nur die Ausführung den Zivilbehörden nach den Zivilgesetzen überlassen. Bei Militärpersonen aber hatte er für die Ausführungen Garantieen nicht ge-

[107]) Was die Begründung zu § 167 ff. über den Unterschied zwischen Verhaftung und Festnahme sagt, verkennt ganz die Bedeutung des Gerichtsherrn. Der Unterschied ist hier derselbe wie in der St.P.O.

[108]) Begründung und Kommission zu § 172 Entw. Reichstag, zweite Beratung, 63. Sitzung, 17. März 1898, und 64. Sitzung, 18. März, besonders v. Goßler und Lenzmann, sonst meist politische Reden.

[109]) Und von Gegenständen, die der Einziehung unterliegen. Eine Verbesserung dieser Gesetzesmaterie hat die M.G.O. leider nicht gebracht. — Die Begründung hierzu ist recht kurz.

boten. Das hat nun die Kommission für das Gesetz geändert. Für Beschlagnahmen und Durchsuchungen, die nicht bei aktiven Militärpersonen und diesen Gleichstehenden (§ 238) stattfinden, ist danach auf Ersuchen des Gerichtsherrn das Amtsgericht auch für die Anordnung zuständig und das bürgerliche Gesetz maßgebend, § 239 (analog St.P.O. §§ 98 Abs. 4, 105 Abs. 4). Sonst wird die Anordnung durch den Gerichtsherrn — oder gemäß § 298 Abs. 3 auch durch das Gericht — erlassen, § 238, wogegen die Beschwerde durch die Kommission für zulässig erklärt wurde (zu § 227 Entw.). Für Voraussetzung und Ausführung entsprechen die Bestimmungen der §§ 229—237 so ziemlich den §§ 94—110 St.P.O. Die §§ 235—237 aber mit ihren Garantieen für die Durchsuchung hat erst die Kommission (zu §§ 226a, 226b, 226c) eingefügt; der Entwurf kannte hier gar keine Beschränkungen[110]), da solche das Ansehen des Gerichtsherrn herabmindern könnten (Begründung zu §§ 227, 228 Entw.). Bedenkt man, daß neben diesen Regeln die Befugnis zur Disziplinarrevision bestehen bleibt, so bemerkt man leicht, daß die gesetzlichen Beschränkungen praktisch bedeutungslos sind[111]) [112]).

E. Der Beweis.

Auch in dieser Materie schließt sich die M.G.O. im allgemeinen der St.P.O. an, jedoch dürfen einige sehr wichtige Abänderungen nicht außeracht gelassen werden. Die allgemeinen Grundsätze sind in beiden Gesetzen die gleichen: sie stimmten bezüglich des Umfangs der Beweisaufnahme nach dem Entwurf garnicht überein, — auch nach dem Gesetz sind gerade hier die bedeutendsten Unterschiede zu finden. — Nicht ohne Bedeutung ist auch, daß systematisch die Sätze von den einzelnen Beweismitteln in das Ermittelungsverfahren

---

110) Höchst befremdlich ist, daß Weigel in seiner Ausgabe zu § 238 Nr. 1 die Bemerkung der Begründung hier abschreibt, die nach dem Gesetz gar nicht mehr am Platz ist.

111) Beachte § 230 die Redaktion gegenüber § 95 St.P.O. (Kommission zu § 222); — St.P.O. § 101 fehlt! — Diese Gesetzgebung führt die dringende Notwendigkeit einer wissenschaftlichen Neubearbeitung des Gebiets der Zwangsmittel vor Augen!

112) Über Zwangsmittel gegenüber Zeugen und Sachverständigen gilt dasselbe wie in der St.P.O.

eingeschoben sind: hieraus und aus einigen Kleinigkeiten [113]) zeigt sich, daß dies letztre hier bedeutend gegen das Vorverfahren der bürgerlichen P.O. überwiegt.

Das Beweisen ist auch hier Sache des Gerichts sowohl wie des Gerichtsherrn und des Beschuldigten; es verteilt sich auf das Ermittelungs- und das Hauptverfahren. Beweisanträge stellt der Gerichtsherr natürlich nicht im ersten Stadium, wohl aber nach § 298 ff. im zweiten ganz ebenso wie sein Gegner.

Den Beweisumfang bestimmt im Ermittelungsverfahren natürlich der Gerichtsherr, — im Hauptverfahren vor der Hauptverhandlung wieder er in erster Linie, §§ 255, 265, 269. Das Gesetz aber hat hier dem Angeklagten nach der Kommission wenigstens das beschränkte Recht des Abs. 4 § 269 gegeben; anfangs wollte die Kommission ihm sogar das Selbstladerecht zugestehen (zu § 257 Entw. [114]). — In der Hauptverhandlung hatte der Entwurf § 286 dem Gericht allgemein die Bestimmung des Umfanges der Beweisaufnahme zugelassen, nach der Begründung wesentlich aus „dienstlichen Interessen". Das Fehlen jeder weitern Begründung für die Entziehung dieses Parteirechts beweist sehr gut, wie natürlich der Entwurf es findet, daß der Beschuldigte eben kein Recht habe. Durch die Kommission ist aber das Gesetz § 299 der St.P.O. angenähert. Danach bestimmt das Gericht den Beweisumfang in den Standgerichten und (abweichend von der St.P.O.) auch in den Kriegsgerichten in der Berufungsinstanz. Sonst aber gilt die Regel des § 244 St.P.O., die nur zwei bedeutende Einschränkungen erfahren hat: Unter Umständen ist einmal die Ablehnung eines Beweises möglich; das ist garnicht unbedingt zu mißbilligen; in dieser Fassung ist das Bestreben gerechtfertigt, daß einer Chikane der Partei vorgebeugt werde, ohne daß das Recht des Beschuldigten geschmälert wird. Freilich wird erst die Praxis zeigen, in welchem Geiste diese Bestimmung aufgefaßt wird. Das Gesetz weicht hier erheblich auch von den Novellenentwürfen zur St.P.O. ab! — Daneben ist auch die Unterlassung der Zeugenbeeidigung möglich, — wovon nachher!

---

[113]) § 192 gegenüber St.P.O. § 58 Abs. 2; siehe Begründung zu § 184 Entw. und § 201 mit der Begründung zu § 193 Entw.

[114]) Wegen des Selbstladerechts ist der Absatz 2 § 300 im Gesetz anders als im Entwurf § 287 gefaßt, — unnötigerweise, nachdem jenes beseitigt; siehe Kommission zu § 287.

Die einzelnen Beweismittel nennt die M.G.O. ganz ähnlich der St.P.O.

Obenan steht der Beschuldigte mit seiner Aussage. §§ 171 bis 173. Bei ihm macht sich hier noch mehr geltend, daß er nicht bloß selbstbestimmende Partei sein soll, sondern auch als Beweismittel dem Zweck des Gerichts dient.

Danach folgen die Zeugen, §§ 185—207. Bezüglich der Zeugnispflicht schließt sich das Gesetz ganz eng an die St.P.O. an. Die Pflicht ist bestimmt: 1. zum Erscheinen, § 186. Bei Personen des Soldatenstandes des aktiven Heeres oder der aktiven Marine wird diese Pflicht, ebenso wie die der Zeugnisablegung und Beeidigung, § 202, durch den dienstlichen Gehorsam gedeckt und Zuwiderhandeln danach gestraft. Sonst aber gelten die Zwangs- und Strafmaßregeln der St.P.O. ganz ebenso auch hier[115]) — 2. zur Ablegung des Zeugnisses und zur Beeidigung desselben, §§ 202, 203. Nur praktische Gründe sind maßgebend, daß nach §§ 203, 186 Abs. 4 nicht das Militärgericht, sondern der Amtsrichter die Zwangsmaßregeln anordnet. Die Befreiungen von der Zeugnißpflicht, §§ 187—191[116]), die Ausnahmen von der Beeidigung, §§ 199, 200, entsprechen völlig den Bestimmungen der St.P.O. Neu ist hier aber die Bestimmung des § 299 Abs. 4, die dem § 56a der St.P.Novelle entspricht und mit dem Nacheid aufs engste zusammenhängt: sie ist gewiß gutgemeint, aber selbst in ihrer durch die Kommission gemilderten Fassung müssen wir erst die Probe ihrer Ungefährlichkeit abwarten[116a]). — Die Regeln über die Vernehmung, §§ 192—194 entsprechen der St.P.O. §§ 58, 67, 68 ziemlich genau. — Endlich hat die M.G.O. hier wie bei den Sachverständigen den Nacheid statt des Voreides eingeführt, § 196 (§ 215), über dessen Bedeutung hier wohl kein Wort weiter zu sagen ist (siehe auch Begründung zu § 188).

---

[115]) Nach § 186 Abs. 1 ist zweimalige Strafe in dem einen Ermittelungsverfahren zulässig. Nach der Kommission zu § 178 ist erneute Strafe offenbar möglich im gleichen Prozeß im Hauptverfahren! Vgl. § 50 St.P.O.

[116]) Verbesserte Redaktion der Ziffer 2 § 188.

[116a]) Zu beachten ist, daß durch die Änderung des § 299 Abs. 4 in der Kommission auch die §§ 270, Abs. 1, 357 Abs. 4, („erhebliche Bedenken") einen ganz andern Sinn erhalten haben, als der Entwurf der §§ 258, 342 ihnen gab; die Bestimmungen hätten der des § 299 Abs. 3 angepaßt werden müssen! — Vgl. auch die Fassung der Ziffer 2 des § 436 und des § 438.

Die Regeln über Sachverständige, ihre Auswahl, Verpflichtung, Thätigkeit und die eventuellen Zwangsmaßregeln §§ 208—221 entsprechen genau den Regeln der St.P.O. — Zu § 218 ist auch § 298 Abs. 3 zu vergleichen.

Ebenso bieten die Bestimmungen über Augenschein, die hier in den §§ 222—228 getrennt von denen über Sachverständige stehen, nichts wesentlich neues[117]). Nur ist durch die systematische Anordnung der § 222 aus den §§ 86 und 193 St.P.O. vereinigt.

Von Urkunden wird in der M.G.O. ganz ebenso wie in der St.P.O. nur anläßlich der Beweisaufnahme in der Hauptverhandlung, betreffend die Unmittelbarkeit derselben, gehandelt (§§ 303—310). Dabei weicht aber § 310 insofern von dem § 255 St.P.O. ab, als er gestattet, militärische Leumundszeugnisse zu verlesen: diejenigen bürgerlicher Behörden hat die Kommission zum Glück beseitigt. (Begründung und Kommission zu § 297 Entw.) — Der auf die Indizien bezügliche Satz 2 des § 266 Absatz 1 der St.P.O. ist in der M.G.O. durch die erheblich weitere, allgemeine Fassung des Abs. 1 § 326 absorbiert.

F. Gang des Verfahrens im einzelnen.

Wir haben nur noch im Zusammenhang die Entwicklung des Verfahrens zu übersehen, bei dem die M.G.O. gar keinen Unterschied zwischen standgerichtlichen und kriegsgerichtlichen Sachen kennt.

Der bürgerliche Prozeß teilt sich in das Vorverfahren und Hauptverfahren, — jenes in die Vorerhebungen der Staatsanwaltschaft und die gerichtliche Voruntersuchung, die nach Erhebung der öffentlichen Klage einen Teil des „Prozesses" ausmacht. Dabei ist alles so angelegt, daß das Hauptverfahren überwiegt.

In der M.G.O. ist das Verfahren nur in „Ermittelungsverfahren" und „Hauptverfahren" getrennt. Jenes ist einheitlich[118]).

---

117) Durch wen ist der Augenschein einzunehmen, den das Gericht nach § 298 Absatz 3 anordnet? —

118) Über den Grund hierfür: Begründung B. III. 1, vgl. auch v. Marck, Kritische Betrachtungen, S. 86, 87. — Ich muß doch hier feierlich Protest einlegen gegen die bei dieser Erörterung stets wiederholte Behauptung, daß unser bürgerliches Verfahren zu langsam und schleppend sei. Was darüber v. Marck sagt,

Zwischen beiden liegt die „Anklage", — aber etwas der „öffentlichen Klage" entsprechendes gibt es nicht. Wir müßten also wohl hier den „Prozeß" wirklich erst mit der „Anklage" beginnen lassen, wie das die gemeine Meinung auch für den bürgerlichen Strafprozeß annimmt, wenn also der Reatus eintritt. Welchen Charakter hat aber das Ermittelungsverfahren danach? Es ist rein inquisitorisch, aber es wird durch einen Richter geleitet, in ihm werden, wie in der gerichtlichen Voruntersuchung, Beweise für die Hauptverhandlung erhoben, und zwar nicht wie nach § 160 St.P.O., sondern im Verfahren, durch dessen Leiter selbst[119]), — ja es kann darauf die Strafverfügung erfolgen. Und es sollte außerhalb des „Prozesses" stehen? Das ist hier noch weniger möglich als bei der bürgerlichen Voruntersuchung; die Hauptverhandlung allein hat hier noch lange nicht die Bedeutung wie dort. Wir können aber überhaupt nicht im Militär-Gerichtsverfahren mit den Begriffen des bürgerlichen Systems vorgehen: was hier „Prozeß" ist, — d. h. Parteiverfahren, — das besteht dort nicht; wir haben ein Untersuchungsverfahren, zu dem das Ermittelungsstadium als vollgiltiger Teil gehört. (Daher der Ausdruck § 245 „außer Verfolgung zu setzen", der nur für ein gerichtliches Verfahren üblich.) Wegen dieser Verschiedenheit habe ich auch nichts dagegen einzuwenden, wenn hier nicht der Ausdruck „Voruntersuchung" gewählt ist (a. M. v. Marck, a. O. S. 85).

1. Das Ermittelungsverfahren.

a) Den Beginn machen Anzeigen bei der vorgesetzten Dienstbehörde des Beschuldigten (§§ 151, 153), die dann einen „Thatbericht" an den Gerichtsherrn erstattet, oder Anzeigen beim Gerichtsherrn selbst (§ 156).

b) Der Gerichtsherr ist nun durch den Grundsatz der Legalität gebunden[120]). Er lehnt entweder ab (§ 156 Abs. 3) oder schreitet sofort auf die einfache Feststellung des Thatbestandes hin ein (§ 156 Abs. 1 a. E.) oder ordnet das Ermittlungsverfahren an (§ 156 Abs. 1). Also

---

beweist nur, daß er die Praxis nicht kennt oder höchstens sie bei einer ungenügend besetzten und ungeschickt arbeitenden Behörde gesehen hat: Badische Behörden arbeiten mindestens so rasch wie jede Militärbehörde!

[119]) Die Bemerkung v. Marcks hierüber, a. O. S. 86, Mitte, ist verkehrt.

[120]) Die Begründung spricht hiervon am falschen Ort, erst bei der Anklage zu §§ 257 ff. Entw. — Eine Ausnahme vom Grundsatz enthält § 253.

er eröffnet es und beauftragt mit der Führung seinen Beistand (siehe darüber oben S. 50, bei Hochverrat §§ 158 und 252). Das Ermittlungsverfahren gleicht in der Anlage der bürgerlichen „gerichtlichen Voruntersuchung". Sein Ziel (§ 168) ist dasselbe (St. P. O. § 188). Der Untersuchungsführer ist Richter, in gewissem Maße selbständig §§ 167, 169, (durch die Kommission eingefügt), auch § 153 Abs. 3, objektiv § 158, begrenzt durch die Verfügung des Gerichtsherrn; er arbeitet ohne Beisitzer § 167 Abs. 2, (siehe Begründung zu § 160). — Ein Beschuldigter braucht noch nicht bekannt zu sein; ist er da, dann muß er vernommen werden (§ 173).

c) Der Abschluß erfolgt durch den Untersuchungsführer, der seinen Antrag dem Gerichtsherrn mit den Akten vorlegt (§ 243, siehe auch § 173 Abs. 5 und § 337). Wird nicht eine Ergänzung nach § 244 verfügt, dann erfolgt eine Entscheidung des Gerichtsherrn, zu der er nach dem Entwurf als Kommandoinhaber allein berechtigt war. Die Kommission aber hat die Gegenzeichnung des Beistands für alle Fälle (Einstellung und Anklage) verlangt, was der Kriegsminister auffallenderweise als eine Änderung „ohne prinzipielle Bedeutung" erklärte (Kommission zu § 234, 237 Entw.). — Die Entscheidung ist 1. entweder Einstellung (§ 246), wobei die wegen Nicht-Auffinden eines Thäters nicht genannt ist. (Beschwerde des Verletzten §§ 247—249). Inwieweit diese Einstellung rechtskräftig wird, sagt das Gesetz leider nicht. Die Bestimmung des § 249 Abs. 1 darf wohl kaum ohne weiteres analog angewendet werden[121]). Nach der Begründung ist jedenfalls Disziplinarstrafe möglich. — Oder 2. es kann zu einer Disziplinarstrafe in „leichteren Fällen" kommen (§§ 250, 251, 157), die entweder durch den Gerichtsherrn, wenn er Disziplinarvorgesetzter ist, oder durch den Disziplinarvorgesetzten ausgesprochen wird. U. U. muß aber nach § 157 Abs. 2 der Gerichtsherr strafgerichtlich vorgehen[122]). Oder 3. der Gerichtsherr erläßt die Anklageverfügung, deren Voraussetzungen denen des bürgerlichen gerichtlichen Eröffnungsbeschlusses entsprechen, dem jene auch völlig entspricht (§§ 250, 254). Auf sie gründet sich die Anklageschrift des Beistandes, die stets

---

[121]) So Weigel zu § 246 Note 6.

[122]) Siehe Begründung zu § 150. — Das Gericht darf diese Frage nicht erwägen (§ 329).

(auch beim Standgericht!) die Ergebnisse des Ermittlungsverfahrens und die Beweismittel nennt (§ 255). Mit der Bekanntmachung der Verfügung und Anklageschrift an den Beschuldigten tritt der Anklagezustand ein (§§ 256—258). Jetzt kann der Beschuldigte Anträge stellen (§ 256) und es ist ihm eventuell ein Verteidiger beizuordnen (§ 338), während er selbst einen solchen schon früher wählen konnte (§ 337). Die Anklage stellt die Zuständigkeit fest (§ 259)[123]), § 329, nicht aber, daß nun militärgerichtlich einzuschreiten sei; es „muß" zwar jetzt ein gerichtliches Erkenntnis erfolgen nach § 260, aber dies könnte auch durch ein bürgerliches Gericht gegeben werden: Es werden die militärische und bürgerliche Anklage einander an Bedeutung gleichstehen. Nur zu Gunsten des Angeklagten kann noch die Anklage zurückgenommen werden (§ 272)[124]). Die Anklage begrenzt den Umfang der Hauptverhandlung und des Urteils (§ 317)[125]).

Ein bürgerliches „Zwischenverfahren" ist hier also unbekannt; vielleicht haben wir damit ein Vorbild für die Umbildung unsres Strafprozesses.

2. Das Hauptverfahren erster Instanz beginnt a) mit einer kurzen Vorbereitung der Hauptverhandlung, die in der Hand des Gerichtsherrn liegt. Dieser ordnet das erkennende Gericht an (§ 261, event. 262), bestimmt Ortschaft, Lokal und Zeit der Verhandlung (§ 264), schafft die Beweismittel herbei (§§ 265, 269), besorgt kommissarische Beweiserhebungen (§§ 270, 271) und sorgt für die Gestellung oder Ladung des Angeklagten (§§ 266, 267, 268). Dabei hat die Kommission in den § 266 (Entwurf 253) eine eigentümlich gefaßte Zwischenfrist zwischen Bekanntgabe der Anklageverfügung und Hauptverhandlung eingeschoben. Da aber vergessen wurde, nun dem entsprechend den § 267 Abs. 2 zu ändern, der sich auf eine ganz andre Fassung des Entwurfs bezog, so stehen die hier genannten Personen jetzt bedeutend schlechter als die des § 266, und schlechter als der Entwurf sie stellen wollte. Ob die Praxis es wagen wird, den Absatz 1 § 266 analog auf § 267 auszudehnen?

---

[123]) Diese Feststellung ist nur eine unbestimmte (§§ 259 Abs. 2, 262 f.).

[124]) Warum ist dieser § 272 von § 260 getrennt?

[125]) Über die Möglichkeit einer Strafverfügung siehe unten 2c.

b) Die Hauptverhandlung vor dem erkennenden Gericht soll auch hier die alleinige Grundlage des Erkenntnisses bilden (§ 315). Zu dem Zweck ist sie angelegt, ganz entsprechend derjenigen der bürgerlichen St. P. O. Daß dennoch das Ermittlungsverfahren hier starken Einfluß übt, habe ich schon mehrfach betont. In der Anlage folgt das Gesetz ziemlich der St. P. O. Seine wesentlichsten Abweichungen nennt die Begründung zu Entwurf §§ 261—321. — Danach ist einmal nötig Gegenwart des ordnungsmäßig besetzten Gerichts (§§ 273, 295, 296, § 400^{1-5}; Ablehnung § 295) des Vertreters der Anklage (§ 273), aber Abwesenheit des Gerichtsherrn, ebenda, — wohl auch aus dem Zuhörerraum — sodann Anwesenheit des Angeklagten (§§ 278, 279, 301, 313). Ein „Ausbleiben“ ist hier nur möglich, wenn der Angeklagte vom Erscheinen entbunden ist (§ 280), also nicht auch ohne das, wie in der St.P.O. Gegen einen Abwesenden wird nie verhandelt (§ 357), abweichend von St.P.O. 319. — Für die Verhandlung selbst gilt im allgemeinen ganz dasselbe wie in der St. P. O.: sie ist ununterbrochen fortzuführen (§§ 275—277), beginnt mit dem Aufruf, der Konstatierung der Ordnungsmäßigkeit des Gerichts, worauf die Anklageverfügung verlesen wird (§ 297): hiergegen sprach man sich in der Kommission aus, da das System der M.G.O. mit dem der St.P.O. verwechselt wurde (zu § 284 Entw.). Über die Beweisaufnahme habe ich schon gesprochen. An sie schließen sich die Ausführungen der „Parteien“ (§ 312), worauf das Erkenntniß ergeht: Dies ist wie in der St.P.O. beschränkt auf die Anklagethat (§ 317), kann aber unter den gleichen Voraussetzungen wie dort auch eine neue That umfassen (§ 319 = St.P.O. 255). Nach der Fassung des § 314 Abs. 2 „insbesondere“ soll wohl klargestellt werden, daß die Einstellung mangels des Vorliegens der Prozeßvoraussetzungen durch Urteil erfolgen soll (abgesehen von §§ 328, 330). — Im Protokoll müssen natürlich auch die Vorgänge sachlich dargestellt werden (§ 333 Abs. 2), da die Berufung allgemein zugelassen ist. Wichtig ist hier die der St.P.O. fehlende, aber durch Theorie und Praxis längst anerkannte Bestimmung des § 334, wonach ein Beteiligter eine formale Feststellung verlangen kann. Und wichtig ist endlich, daß nach § 335 der Nachweis der objektiven Unrichtigkeit einer Protokollierung zulässig ist, nicht bloß der der (bewußten) „Fälschung“, wie der Entwurf noch gesagt hatte, anschließend an § 274 St.P.O. Der Präsident nannte diese Änderung in der Eile der dritten Beratung merkwürdigerweise eine bloß „redaktionelle“!

c) Wir müssen von zwei besondern Verfahrensarten kurz sprechen: einmal von der „Strafverfügung“ des Gerichtsherrn (§§ 349—355), die dem amtsrichterlichen Strafbefehl gleichsteht. Sie ist nur nach einem Ermittelungsverfahren zulässig und kann die Wirkung eines rechtskräftigen Urteils erlangen: wegen des ne bis in idem wird hier der Streit wie bei dem Strafbefehl entstehen. Durch den — zurücknehmbaren — Einspruch erlangt die Strafverfügung die Bedeutung einer Anklage, und es kommt zur Hauptverhandlung.

Sodann ist zu bemerken, daß gegen „Abwesende“ (der Begriff ist derselbe wie im § 318 St.P.O.) eine Hauptverhandlung nie zugelassen ist, sondern nur die Beweissicherung stattfindet (§§ 356 ff.). Unter Umständen kann auch durch gerichtsherrlichen Beschluß die Vermögensbeschlagnahme wie im bürgerlichen Verfahren ausgesprochen und außerdem der Abwesende „für fahnenflüchtig erklärt werden“ (§ 360). Damit wird das bisherige Kontumazialverfahren gegen Deserteure beseitigt (E.G. § 2), das sich nach der Begründung (zu §§ 341—347 Entw.) als ungenügend erwiesen hat[126]). Die Erklärung der Fahnenflucht stammt aus dem bisherigen Verfahren und hat nur materielle, militärische Bedeutung.

Endlich erwähne ich die Bestimmung des § 16 Einf.-Ges. über das objektive Verfahren.

d) Eine der interessantesten, in ihrem Wesen am meisten bestrittenen Einrichtungen der M.G.O. ist die Bestätigungsorder, deren Bedeutung sich ohne weiteres heute noch gar nicht übersehen läßt, sondern erst durch die Erfahrung klargestellt werden muß.[126a]) — Vor allem deckt das eine Wort zwei Begriffe: die Bestätigung im ordentlichen Verfahren (§§ 416—418) und die im Feld und an Bord (§§ 419—435). Hier wird das Erkenntnis erst durch die Bestätigung rechtskräftig, dort aber wird umgekehrt die Bestätigung erst nach der Rechtskraft erteilt. Diese Einrichtung ist eine ganz neue, eigenartige, die sich aber anlehnt an die alte preußische Bestätigung, während jene im Feld und an Bord ganz die alte ge-

---

[126]) Siehe Solms, Kommentar zu § 2 E.G. zum M.Strafgesetzbuch.

[126a]) Rehm, a. O. S. 439 f. befriedigt mich in diesem Punkt ganz und gar nicht.

blieben ist. Kein größerer Vorwurf kann einem Gesetz gemacht werden, als daß es zwei so verschiedene Dinge mit einem Namen nennt!

Bekanntlich verlangte die konservative Anschauung, daß der Gerichtsherr das Urteil zu seiner Wirksamkeit wie bisher bestätigen müsse, denn das Urteil könne nur von einer Kommandostelle ausgehen. Umgekehrt forderte die Reform energisch die Abschaffung dieser Einrichtung: es müsse das Urteil eines unabhängigen Gerichts aus sich selbst wirksam sein. Um beiden Herren zu dienen, hat der Entwurf seine Bestätigungsorder eingeführt, die das Gesetz — trotz mancher Bedenken in der Kommission — (zu §§ 400 —402 Entw.) beibehalten hat. Es wird durch sie bei Urteilen — nicht Strafverfügungen — von einem Befehlshaber die Rechtskraft bescheinigt und die Vollstreckung angeordnet.

Man kann dies verschieden deuten: von den zwei eben genannten, in der recht dürftigen Begründung zu § 400 Entw. aufgestellten Funktionen, ist die erste durchaus überflüssig, zwecklos, also warum ist sie eingeführt? Die zweite unklar und im Wort selbst nicht enthalten. — Ein Anerkennen des Urteils, analog einem Verzicht auf Rechtsmittel ist es nicht. Wohl aber kann es ein Verzicht auf Begnadigung sein, was die Begründung mit Emphase betont, und dieses Recht steht dem Befehlshaber, der als Interessent zweifellos allein über das Strafrecht verfügt, allerdings zu. Insofern sehe ich in dieser Verallgemeinerung des § 485 St.P.O. kein Arg. Aber warum braucht man die Order dann bei Freisprechung oder gar bei Einstellungen? Und dann ist es einmal ein Einbruch in die Legalität, denn es gibt kein Mittel zur Durchführung, ferner ist auch hierfür der Ausdruck zweifelhaft, er deckt nicht den Begriff, und insbesondere ist es eine Einrichtung, die dem Ansehen der Gerichte großen Abbruch thut, als ob diese einer Kontrole bedürften.

Es kann aber auch etwas viel bedeutsameres in der Bestätigungsorder liegen, nämlich thatsächlich erst der Abschluß, die wahre sachliche Anerkennung des Gerichtsspruchs durch den, der ihn eigentlich zu fällen hätte, der ihn jetzt annimmt, wie man einen guten Rat annimmt. Bei dieser Auffassung wäre die Bedeutung des Urteils und seiner Rechtskraft hier eine ganz andere als im bürgerlichen Verfahren, wo das Urteil die Festsetzung des Strafrechts ist, aus dem Urteil die Kraft des Strafrechts quillt. Im M.=G.=Ver=

fahren aber wäre danach das Urteil an sich ganz machtlos, und der — im bürgerlichen Verfahren ihm innewohnende — Vollstreckungsbefehl käme ihm erst durch die Bestätigung zu. Man kann auch dies aus § 416 Abs. 2 lesen! Nirgend ist hier gesagt: der Befehlshaber „muß" die Bestätigung erteilen. Und wie im alten Inquisitionsverfahren, so ist auch hier das ganze Verfahren der Verordnung überlassen. Dann enthielte also die M.G.O. gar nicht das gesamte Verfahren zur Ausübung des Strafrechts! Dann könnte man noch mehr den Eindruck bekommen, daß die M.G.O. nicht nur in einigen Formen das Untersuchungsverfahren kennt, sondern dieses in seinem innersten Wesen als Grundsatz befolgt! Bestärken kann diese Auffassung der § 450 („nach Maßgabe der Bestätigungsorder zu vollstrecken"). Gegen sie spricht einmal der § 458 Abs. 1, sodann die Bemerkung der Begründung zu § 421 Entw., daß das Gesuch um Wiederaufnahme unabhängig davon ist, ob die Bestätigungsorder erteilt wurde.

Mit Recht tadeln daher Groeber, Munckel und Lerno im Reichstag, I. Beratung, dieses Gebilde, — ist Stenglein sein Gegner (D. Jur. Ztg. III, S. 12), kritisiert es v. Marck in seinen kritischen Betrachtungen (S. 69—74) sehr scharf. Wir dürfen nur annehmen, daß der Entwurf sich selbst nicht klar war über seine Schöpfung, und daß sie sich als recht harmloser Schnörkel herausstellt!

3. Die Rechtsmittel. — Wissenschaftlich sprechen wir von „ordentlichen" Rechtsmitteln und dem „außerordentlichen" der Wiederaufnahme. Die M. G. O. nun gibt den Rechtsmitteln der Beschwerde, Berufung und Revision gesetzlich das Beiwort „ordentlich", nirgends aber findet man das entsprechende „außerordentliche" Rechtsmittel aufgeführt. Daß auf diesem Gebiete die M.G.O. wichtige Fortschritte gegenüber den bisherigen M.G.O. gebracht, wird allseitig anerkannt. Sie nähert sich erfreulicherweise auch hier dem bürgerlichen Verfahren im allgemeinen an; nur in der Beschränkung der Beschwerde und der Ausdehnung der Berufung sind die wichtigsten Abweichungen zu finden.

a) Im allgemeinen ist zu bemerken: Die Beschwerde, hier „Rechtsbeschwerde" genannt, ist zulässig nur in den besonders genannten Fällen [127]); sie ist vereinfacht gegenüber der bürgerlich-

---

[127]) Siehe Begründung zu § 358. Weigel zu § 373.

rechtlichen. Die Berufung, im Wesen der bürgerlich-rechtlichen ganz gleich, ist gegen die Urteile der Stand- und Kriegsgerichte in erster Instanz zulässig (§ 378), die Revision, ebenfalls der bürgerlich-rechtlichen vollkommen entsprechend, gegen die Urteile der Oberkriegsgerichte, soweit nicht lediglich Fälle in Betracht kommen, die zur niederen Gerichtsbarkeit gehören (§ 397). Berechtigt zum Einlegen ist der Beschuldigte immer, sein Verteidiger nur im ausdrücklichen Auftrag (§ 369 Abs. 5). Er legt das Rechtsmittel schriftlich oder zu Protokoll, beim Gerichtsherrn!, ein (§ 369); in den Formen genießt er Vorteile (§ 369 Abs. 4, § 382, 404, 442) selbst bei den Revisionsanträgen ist die Beschränkung des § 385 Abs. 2 St.P.O. unbekannt. Dem Gerichtsherrn stehen Berufung und Revision genau so wie dem Staatsanwalt zu (§ 367). Er nimmt hier jedenfalls eine eigentümliche Zwitterstellung ein als Partei- und Gerichtsvertreter; in der Kommission und im Reichstag (zu § 350 Entw.) wurde vorgeschlagen, daß er nur zu Gunsten des Gegners die Rechtsmittel gebrauchen dürfe.

Sonst sind, trotz mancher andern Fassung und bei kleinen Abweichungen, die Regeln hier dieselben wie die der St.P.O. Zu beachten ist aber besonders, daß die Verweisungen der §§ 390 und 409 auf die erste Instanz eigenartig gefaßt und genau zu prüfen sind!

b) Über die Rechtsbeschwerde ist etwas besonderes nicht zu erwähnen. — Der § 204 nennt einmal auch die bürgerliche Beschwerde.

c) Bei der Berufung ist allerlei zu bemerken: Der Gerichtsherr muß sie immer begründen und umgrenzen (§ 380). Der Angeklagte soll dies auch thun (§ 382) und zwar genauer, als in der St.P.O. vorgeschrieben. Hiermit soll das Verfahren vereinfacht werden (Begründung zu §§ 363—368 Entw.). Doch hat die Kommission durch die Hinzufügung des 2. und 3. Absatzes des § 382 den Angeklagten wieder wesentlich freier gestellt als der Entwurf. — Eine Abweichung von der St.P.O. ist insofern zu beachten, als der § 350 derselben nicht aufgenommen ist, und daß der § 389 M.G.O. eine wichtige Bestimmung über die Anwesenheit des Angeklagten gibt. Auch die Fassung der Regel über das Verbot der Reformatio in peius (§ 396) ist eine andre, entsprechend den gleichen Bestimmungen bei der Revision und Wiederaufnahme; sie hat bezüglich der Gesamtstrafe einen wichtigen Zusatz erhalten[128]). Über die Frivolitätsstrafe habe ich schon gesprochen.

d) Für die Revision nennt die Begründung zu §§ 381—399 die vier wichtigsten Abweichungen von der bürgerlichen P.O. — Ganz natürlich ist es, daß hier als Gesetzesverletzung auch die Verletzung einer militärischen Dienstvorschrift oder eines militärdienstlichen Grundsatzes gilt (§§ 399, 400[9]), verändert ist ferner die Frist zur Begründung der Revision (§§ 398, 404), erweitert der § 414 gegenüber § 397 St.P.O. (Kommission zu § 398). Beschränkt endlich ist das Recht des Revisionsgerichts zur Selbstentscheidung § 412 gegen St.P.O. § 394.

4. Auch in der Wiederaufnahme eines durch rechtskräftiges Urteil geschlossenen Verfahrens schließt sich die M.G.O. im allgemeinen der St.P.O. an, in der Teilung des Antrags zu Gunsten und zu Ungunsten des Angeklagten und im Verlauf des Verfahrens. § 448 ist in seinem ersten Absatz ebenso ungenau gefaßt wie St.P.O. § 413. Abweichungen sind nur in § 445, Abs. 2, gegen St.P.O. § 409, Abs. 2, und § 447 gegen St.P.O. § 411 zu finden, ferner in den Ziffern 2 der §§ 436 und 438, wonach auch uneidliche Aussagen in Betracht kommen, sowie — und das ist das wesentlichste! — in der Ziffer 5 des § 436. Hier ist einmal weggefallen die Beschränkung der St.P.O. § 399, Ziffer 5 bei den Schöffengerichten. Sodann ist im Gesetz die Voraussetzung zur Zulassung des Wiederaufnahmeantrags gleich der Voraussetzung geregelt, welche das Entschädigungsgesetz vom 20. Mai 1898 im § 1, Satz 2, für die Entschädigung aufstellt. Die St.P.O. verlangt als Voraussetzung nur, daß — negativ — ein Schuldbeweis voll oder bezüglich eines schwereren Gesetzes nicht mehr begründet werden könne. Die M.G.O. verlangt, daß positiv die Unschuld überhaupt oder bezüglich eines schwereren Gesetzes dargethan oder doch wenigstens positiv der frühere Schuldbeweis derart erschüttert wird, daß nicht einmal mehr ein „begründeter Verdacht“ vorliegt, d. h. daß die wesentlichen Verdachtsgründe nicht mehr bestehen können, nicht bloß verblaßt sind. Diese zweite Möglichkeit hat erst die Reichstagskommission eingefügt. Immerhin ist auch damit noch die Wiederaufnahme gegen früher bedeutend erschwert, aber oftmals wird ein

[128]) Ich verstehe nicht, warum die Kommission diesen Zusatz bei § 448 weggelassen hat.

praktischer Unterschied sich nicht finden lassen. Nur nach dem Entwurf § 420, der den Unschuldbeweis verlangte, war eine sehr bedeutende Beschränkung eingeführt, die ganz unberechtigt mit der Einführung der Berufung und den bisherigen Erfahrungen im bürgerlichen Prozeß gerechtfertigt wurde: sie hätte aber sicher das Wiederaufnahmeverfahren in den meisten Fällen unmöglich gemacht, und umgekehrt doch nicht verhindert, daß in der Hauptverhandlung des Wiederaufnahmeverfahrens selbst mangels genügender Beweise eine Verurteilung ausbleiben müßte. Ein Wiederaufnahmeverfahren in seiner jetzigen Gestaltung wird eben immer erhebliche Mängel und Gefahren enthalten.

Hier glaube ich am besten sofort die Entschädigungsfrage anzuschließen. Die Bestimmungen der §§ 465—468 hierüber hat der Reichstag erst in dritter Beratung nach dem Antrag v. Arenberg u. Gen. ohne jede Debatte angenommen. In der Kommission war ein entsprechender Antrag zu § 447 gestellt, wonach die fünf ersten §§ des Entschädigungsgesetzes mit den entsprechenden Änderungen hier wörtlich übernommen werden sollten. Das wäre praktisch gewesen. Statt dessen verweist die M.G.O. im § 465 nur auf jenes Gesetz, ändert es aber dann in den drei nächsten Paragraphen derart ab, daß es nun doch wieder zur Hälfte geändert und in schlechterer Fassung hier neu erscheint: § 466 entspricht dem § 3 des Gesetzes und ist nach § 465, Abs. 2, überflüssig. § 467 will den § 4 des Gesetzes verbessern, — vergißt aber ganz, daß nach § 447 M.G.O. das Wiederaufnahmeverfahren auch durch Beschluß enden kann; für diesen Fall soll also wieder der § 4 eintreten. § 468 ändert die erste Hälfte des § 5, dessen zweiten Teil man sich also herüberholen muß. — Ein Muster gesetzgeberischer Unklarheit!

5. Auch hinsichtlich der Strafvollstreckung schließen sich die §§ 450—464 und der § 15 E.G. dem bürgerlichen Recht im allgemeinen an. Für die Todesstrafe gelten nach §§ 453, 454 die bisherigen Bestimmungen. Weggefallen ist hier die Notwendigkeit, daß das Staatsoberhaupt auf sein Begnadigungsrecht verzichtet habe (§ 485 St.P.O.), offenbar wegen der Bestätigungsorder. Den § 456 hat die Kommission eingefügt. § 458 faßt den § 482 St.P.O. neu, ohne ihn sachlich zu ändern. Sein erster scheinbar höchst überflüssiger Absatz ist notwendig, damit die Bedeutungslosigkeit der Bestätigungsorder klargestellt werde. § 460 gibt mit den

Worten „ohne daß eine Unterbrechung derselben angeordnet wird" einen wichtigen Zusatz zu St.P.O. § 493. Nach § 462 tritt bei Vermögensstrafen nicht das Zwangsverfahren der Z.P.O. ein wie nach § 495 St.P.O.

Endlich 6., die Regelung der Kostenfrage ist in der M.G.O. eine ganz andere als in der St.P.O., da dort volle Kostenfreiheit gilt, und nur dritten Personen außer dem Beschuldigten die durch ihr Verschulden verursachten Kosten auferlegt werden. Diese dem preußischen M.G.-Verfahren entnommene, auch sonst heute vertretene Ansicht fand in der Kommission heftige Gegnerschaft, wobei darauf hingewiesen wurde, daß Bayern sich dem bürgerlichen Prozeß fast ganz nähere, Württemberg nur den Mannschaften Kostenfreiheit gewähre, da diese ja ihrer gesetzlichen Dienstpflicht genügten (?). Ich kann die von der M.G.O. versuchte Lösung dieser Frage trotz ihrer Einfachheit nicht für besonders gut erachten; sie ist ein Rückschritt. Nach der dem Untersuchungsverfahren zu Grunde liegenden Idee mag wohl eher der Beschuldigte als reines Objekt obrigkeitlicher Untersuchung stets auch kostenfrei sein. Wo das Parteiverfahren den Grundsatz aufstellt, daß auch der Beschuldigte möglichst selbstverantwortlich sei, da muß man den Satz verteidigen, daß er auch die Kosten trage, die er durch seine Schuld veranlaßt hat [129]).

7. „Im Feld" und „an Bord" — (Begriff: E.G. §§ 5, 6) müssen natürlich die ordentlichen Regeln Ausnahmen erfahren. Diese möglichst gering werden zu lassen, muß eine Hauptsorge des Gesetzgebers sein, und es kann wohl anerkannt werden, daß sie in der M.G.O. nur gering sind. Im wesentlichen sind sie folgende: [130]) Ausdehnung der niedern Gerichtsbarkeit, §§ 15, 16, 63; — bei den Gerichten keine Ständigkeit, § 44, Erweiterung des Richterkreises, §§ 59, 100; — Möglichkeit der Ersetzung der Juristen durch Offiziere, § 98; — Einschränkung des schriftlichen Ermittelungsverfahrens, § 170; — Erleichterung der Anklage, §§ 253, 255; — Anordnung und Durchführung von Beschlagnahmen und Durchsuchungen nur durch die Militärgerichte, § 239; — Einschränkung der Verteidigung, § 348; — und endlich Ausschluß der Berufung

---

[129]) Diese gesetzgeberische Frage mag jetzt wieder einmal wissenschaftlich in Angriff genommen werden!

[130]) Siehe auch Begründung zu §§ 403—419 Entw.

und Revision und deren Ersatz durch die Bestätigung, §§ 419—435. Bestätigung beziehungsweise Aufhebung der Urteile des „außerordentlichen Verfahrens“ (siehe §§ 432, Abs. 2, 433) stehen Befehlshabern zu; bei der niedern und bei leichtern Fällen der höhern Gerichtsbarkeit bedarf die Bestätigung keines richterlichen Gutachtens, §§ 429, 425, das sonst immer nötig ist, besonders auch bei der Aufhebung, §§ 424, 425, 426, 430; der letzte Paragraph gilt offenbar auch für die standgerichtlichen Sachen. Zu beachten ist, daß nach § 423 auch der Verurtheilte bei der Bestätigung zu Worte kommt.

Überblicken wir danach noch einmal das neue Gesetz, so finden wir in demselben eine große Reihe sehr wichtiger, interessanter Bestimmungen, die für unsere Prozeßwissenschaft manche Anregung bieten, wenn sie auch keineswegs immer zu loben sind; wir finden Ideen, die der ganzen Militäreinrichtung neue Bahnen weisen können und einen Fortschritt für das Rechtsleben im Militärkreis, der nicht zu unterschätzen ist, der bei genauer Überlegung zur Zeit nicht größer, aber auch nicht geringer hätte sein können. Daher ist zu wünschen, daß das Gesetz eine möglichst vielseitige wissenschaftliche Bearbeitung erfahre und daß seine Ausbildung in der Praxis, die wohl kaum vor dem 1. Januar 1901 beginnen wird (E.G. § 1), möglichst reiche Anregung biete.

Druck von Leonhard Simion in Berlin SW.

FSC
www.fsc.org
MIX
Papier | Fördert
gute Waldnutzung
FSC® C083411

Kolibri 360 GmbH
Ferdinand-Jühlke-Straße 7
99095 Erfurt, Deutschland
produktsicherheit@kolibri360.de